사랑해요 한국어
I Love Korean

서울대학교 언어교육원

1 Workbook

서울대학교출판문화원

〈사랑해요 한국어 1 Workbook〉은 〈사랑해요 한국어 1〉의 부교재로서 주 교재에서 학습한 내용이 연습을 통해 실제 사용 능력으로 전이될 수 있도록 구성하였다. 이를 위해 어휘와 문법을 다양한 맥락에서 사용해 볼 수 있는 단계적 연습 문제를 제공하고 있다.

이 책은 다음과 같은 특징이 있다.

첫째, 주 교재에서 도입 단계로서 주제 어휘를 상황 그림과 함께 제시하여 학습자가 배울 내용을 유추하고 학습을 준비할 수 있도록 했다면, 부교재에서는 어휘의 의미를 보다 정확하게 인지하고 맥락에 맞게 사용해 볼 수 있도록 구성하였다. 이를 통해 어휘를 이해하는 단계에 머무르지 않고 생산적으로 사용할 수 있도록 하였다.

둘째, 주 교재에서 모두 다루지 못한 단계적 연습을 제시하여 해당 문법의 형태와 의미를 학습자가 내재화할 수 있도록 하였다. 목표 문법을 문장 및 대화 단위에서 사용하는 연습을 통해 문장 구성 능력, 담화 구성 능력을 키울 수 있다.

셋째, 매 단원 말미에 종합 연습을 두어 이전에 학습한 어휘와 문법을 종합적으로 연습할 수 있도록 하였다. 이를 통해 이전에 학습한 문법과 어휘가 나선형으로 재배열됨으로써 어휘와 문법의 심화, 확장이 가능하다.

넷째, 교재에 제시되는 모든 지시문과 새 단어 등을 영어로 번역하여 제시함으로써 영어권 학습자가 쉽게 이해할 수 있도록 하였다.

이 책이 완성되기까지 많은 분들의 노력과 수고가 있었다. 먼저 오랜 기간에 걸쳐 집필 및 출판 과정에 참여한 교재개발위원회 선생님들의 노고와 헌신에 감사드린다. 아울러 영어 번역과 감수를 맡아 주신 선생님들과 책이 출판되기까지 꼼꼼하게 출판 작업을 도와주신 서울대학교출판문화원 관계자 여러분께도 고마운 마음을 전한다.

2019. 1.
서울대학교 언어교육원

<I Love Korean 1 Workbook>, which is a supplement of <I Love Korean 1>, is constructed in such a manner that the contents learned from the main textbook can be practiced and applied to real life scenarios. To accomplish this, step-by-step exercises using vocabulary and grammar in various contexts are provided.

This book has the following characteristics.

First, if the main textbook presented the topic vocabulary as an introductory stage along with a picture of the situation to enable learners to infer what they will learn and prepare for it, the workbook is configured to enable learners to recognize the meaning of the words more accurately and use them in context. This allows learners to use the vocabulary productively without remaining in the stage of only understanding the meaning of the vocabulary.

Second, step-by-step exercises that were not covered in the main textbook are presented in the workbook to enable learners to internalize the form and meaning of the corresponding grammar. The ability to construct sentences and discourse can be enhanced through the practice of using target grammar in sentences and dialogue units.

Third, comprehensive exercises are provided at the end of each unit to cover the vocabulary and grammar that was previously learned. This allows for the deepening and expansion of grammar and vocabulary by rearranging previously learned vocabulary and grammar into spiral form.

Fourth, all instructions, new vocabulary, and texts presented in the workbook were translated into English so English-fluent learners can understand them easily.

There was a lot of hard work and effort that went into completing this series. First of all, we would like to thank all of the teachers who have participated in the writing and publishing process for all of their hard work. In addition, we would like to express our sincere gratitude to the teachers who translated and edited the materials into English, and also the staff of the Seoul National University Publishing Council who went to great lengths to help publish this series of textbooks.

2019. 1.
Language Education Institute, Seoul National University

일러두기 | How to Use This Book

〈사랑해요 한국어 1 Workbook〉은 〈사랑해요 한국어 1〉에서 배운 내용을 확인하고 연습하기 위한 목적으로 개발한 부교재이다. 총 9단원(18개 과)으로 각 단원은 어휘 연습과 핵심 표현 연습, 종합 연습으로 구성되어 있다.

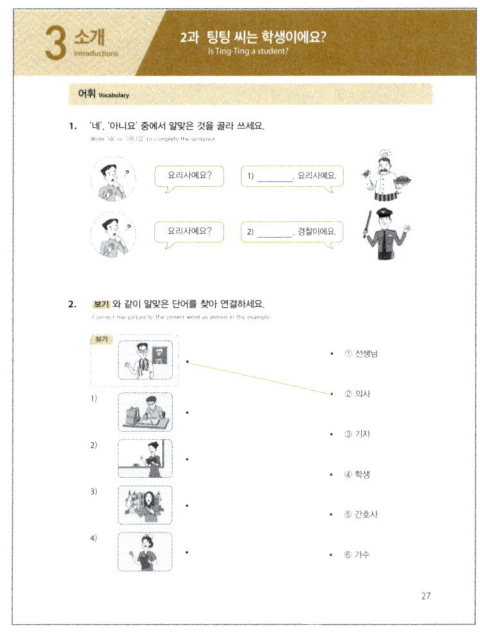

어휘 연습 Vocabulary Exercises

주제 어휘의 의미를 확인하고 문장이나 대화 상황 속에서 활용하는 연습을 한다.
Checks the meaning of the topic vocabulary and practices using it in sentences or dialogue.

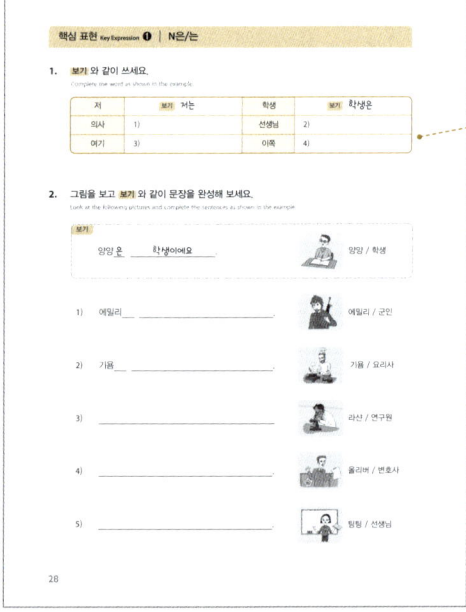

핵심 표현 연습 Key Expression Exercises

목표 문법의 형태 활용을 연습한다.
Practices formative use of target grammar.

⟨I Love Korean 1 Workbook⟩ is a supplementary textbook developed for the purpose of checking and practicing what was learned in ⟨I Love Korean 1⟩. There are 9 units (18 lessons) in total, each unit is comprised of vocabulary exercises, key expression exercises, and comprehensive exercises.

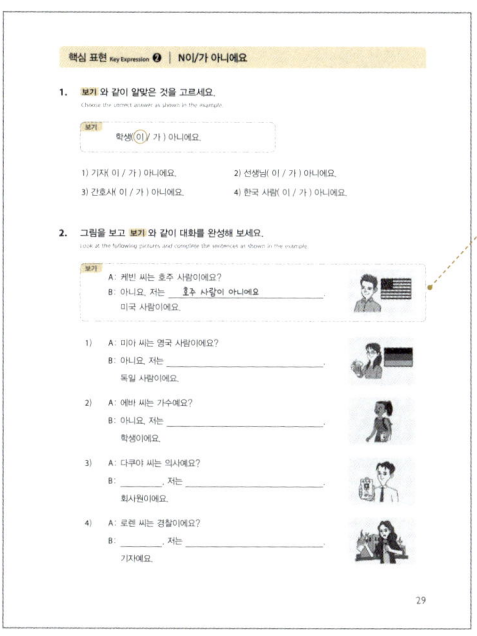

전형적인 문장이나 대화 상황 속에서 목표 문법의 의미와 형태를 함께 연습한다.
Practices the meaning and form of target grammar together in a typical sentence or dialogue.

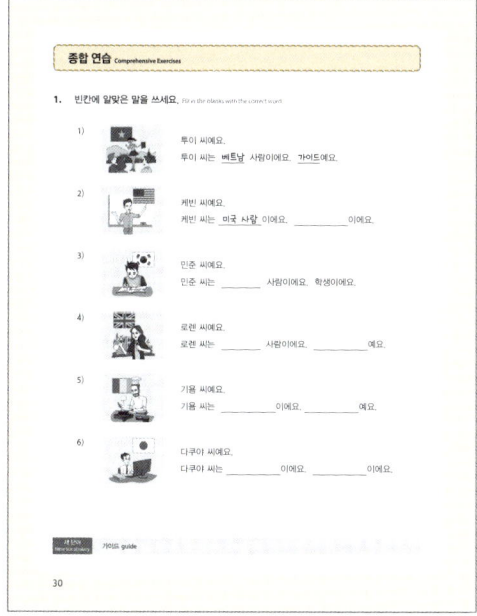

종합 연습 Comprehensive Exercises

해당 단원에서 학습한 새 어휘나 표현을 기존에 학습한 어휘나 표현과 함께 종합적으로 연습한다.
Provides an opportunity to practice new vocabulary or expressions learned in the unit, in a comprehensive manner, along with previously learned vocabulary or expressions.

해당 단원에서 학습한 문법끼리 서로 연결하여 연습하거나 기존에 학습한 문법과 비교하여 연습한다.
Provides an opportunity to practice linking the grammar learned in the unit or comparing it with the grammar previously learned.

모범 답안 Answer Key

문제의 정답을 제공한다.
Provides the correct answers to the questions.

Abbreviations in this book
N noun
V verb
A adjective

머리말 Preface		2
일러두기 How to Use This Book		4
교재 구성표 Scope and Sequence		8

1단원	한글 I Hangeul I	1과 한글 배우기 (1) Learning Hangeul (1)	10
		2과 한글 배우기 (2) Learning Hangeul (2)	13
2단원	한글 II Hangeul II	1과 한글 배우기 (3) Learning Hangeul (3)	17
		2과 교실 한국어와 인사 Classroom Korean and Greetings	21
3단원	소개 Introductions	1과 저는 미국 사람이에요 I'm American	24
		2과 팅팅 씨는 학생이에요? Tingting, are you a student?	27
4단원	물건 Items and Objects	1과 이거는 뭐예요? What is this?	34
		2과 휴지가 있어요? Do you have any tissues?	37
5단원	음식과 주문 Food and Ordering	1과 오렌지 주스 주세요 Please give me some orange juice	44
		2과 비빔밥하고 콜라 한 병 주세요 Please give me bibimbap and a bottle of cola	47
6단원	일상생활 Daily Life	1과 지금 뭐 해요? What are you doing?	54
		2과 어디에 가요? Where do you go?	57
7단원	쇼핑 Shopping	1과 뭐가 맛있어요? What tastes delicious?	64
		2과 얼마예요? How much is it?	67
8단원	시간과 날짜 Time and Date	1과 지금 몇 시예요? What time is it now?	74
		2과 시험이 며칠이에요? Which day is the test on?	77
9단원	날씨와 생활 Weather and Life	1과 오늘 날씨가 추워요 It's cold today	84
		2과 어디에 있어요? Where is it?	87

모범 답안 Answer Key		94

교재 구성표 | Scope and Sequence

	단원 Unit	학습 내용 Learning Contents	
1 한글 I Hangeul I	1과 한글 배우기 (1) Learning Hangeul (1)	모음 글자 1 Vowels 1	자음 글자 1 Consonants 1
	2과 한글 배우기 (2) Learning Hangeul (2)	모음 글자 2 Vowels 2	자음 글자 2 Consonants 2
2 한글 II Hangeul II	1과 한글 배우기 (3) Learning Hangeul (3)	모음 글자 3 Vowels 3	받침 Ending Consonants
	2과 교실 한국어와 인사 Classroom Korean and Greetings	교실 한국어 Classroom Korean	인사 Greetings

	단원 Unit	어휘 Vocabulary	핵심 표현 Key Expression
3 소개 Introductions	1과 저는 미국 사람이에요 I'm American	나라와 국적 Country and Nationality	• 저는 N이에요/예요 • N이에요/예요?
	2과 팅팅 씨는 학생이에요? Tingting, are you a student?	직업 Job	• N은/는 • N이/가 아니에요
4 물건 Items and Objects	1과 이거는 뭐예요? What is this?	물건 1 Items and Objects 1	• 이거/그거/저거 • N(의) N
	2과 휴지가 있어요? Do you have any tissues?	물건 2 Items and Objects 2	• 이/그/저 N • N이/가 있어요/없어요

단원 Unit		어휘 Vocabulary	핵심 표현 Key Expression
5 음식과 주문 Food and Ordering	1과 오렌지 주스 주세요 Please give me some orange juice	음료 Beverages	• V-(으)세요 • 수 1 (하나, 둘, 셋, 넷, …)
	2과 비빔밥하고 콜라 한 병 주세요 Please give me bibimbap and a bottle of cola	음식 Food	• N 개/병/잔/그릇 • N하고 N
6 일상생활 Daily Life	1과 지금 뭐 해요? What are you doing?	기본 동사 Basic Verbs	• V-아요/어요 • N을/를
	2과 어디에 가요? Where do you go?	장소 Places	• N에 가다/오다 • N에서
7 쇼핑 Shopping	1과 뭐가 맛있어요? What tastes delicious?	기본 형용사 Basic Adjectives	• N이/가 A-아요/어요 • 안 A/V
	2과 얼마예요? How much is it?	식료품과 생필품 Groceries and Daily Necessities	• N도 • 수 2 (일, 십, 백, 천, …)
8 시간과 날짜 Time and Date	1과 지금 몇 시예요? What time is it now?	시간과 요일 Time and Days of the Week	• N에 • V-고
	2과 시험이 며칠이에요? Which day is the test on?	날짜 Date	• N부터 N까지 • A/V-았어요/었어요, ㄷ 불규칙
9 날씨와 생활 Weather and Life	1과 오늘 날씨가 추워요 It's cold today	날씨와 계절 Weather and Seasons	• ㅂ 불규칙 • V-(으)ㄹ까요?
	2과 어디에 있어요? Where is it?	위치와 사물 Locations and Objects	• N에 있다/없다 • N(으)로

1 한글 I
Hangeul I

1과 한글 배우기 (1)
Learning Hangeul (1)

모음 글자 1 Vowels 1

연습 1 읽어 보세요. Read the following words.

2	5	(아이)	(오이)	(아우)
이	오	아이	오이	아우

연습 2 써 보세요. Write the following words.

2 이 ☐ ☐ ☐ ☐ ☐

5 오 ☐ ☐ ☐ ☐ ☐

🧒 아 이 ☐ ☐ ☐ ☐ ☐

🥒 오 이 ☐ ☐ ☐ ☐ ☐

👨 아 우 ☐ ☐ ☐ ☐ ☐

자음 글자 1 Consonants 1

연습 1 **써 보세요.** Combine the vowels and consonants below.

	ㅏ	ㅓ	ㅗ	ㅜ	ㅡ	ㅣ
ㄱ	가					
ㄴ					느	
ㄷ		더				
ㄹ				루		
ㅁ						미
ㅂ	바					
ㅅ					스	
ㅇ			오			
ㅈ						지
ㅎ		허				

1 한글 I
Hangeul I

2과 한글 배우기 (2)
Learning Hangeul (2)

모음 글자 2 Vowels 2

연습 1 아래 박스에서 다음 단어를 찾아보세요. Look for the following words in the box below.

우유   요가   유리   얘기

개구리   제주도   휴지   세계

그	요	가	너	다
우	개	매	세	계
유	구	슈	얘	기
벼	리	네	재	휴
제	주	도	하	지

1-2. 한글 배우기 (2) | 3

연습 2 써 보세요. Write the following words.

자음 글자 2 Consonants 2

연습 1 다음 글자를 읽어 보세요. Read the following.

1) 가   까   카
2) 다   따   타
3) 바   빠   파
4) 사   싸
5) 자   짜   차

연습 2 선생님의 말을 잘 듣고 들은 단어를 따라 길을 찾아보세요.
Listen carefully to the teacher and follow the words to find your way.

선생님
→ p. 94

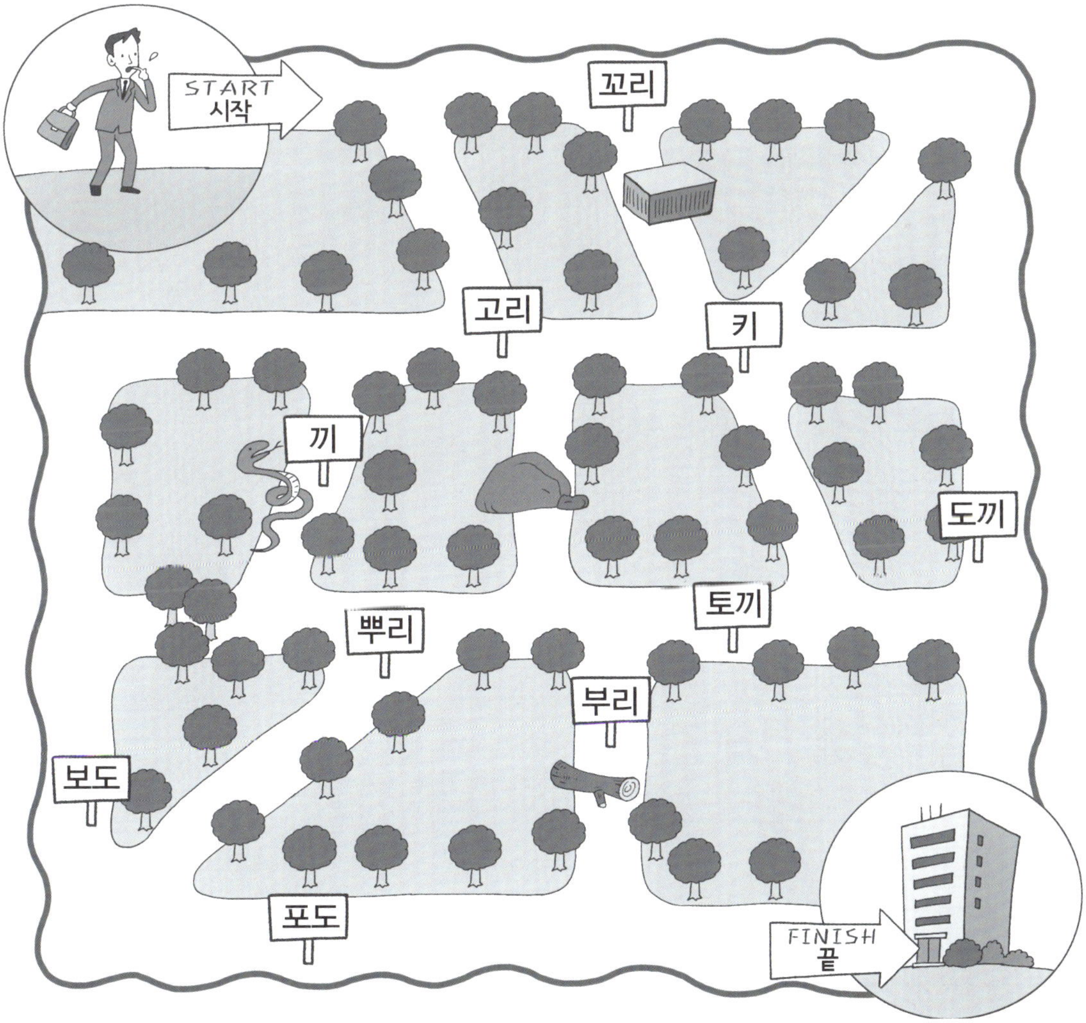

꼬리 / 고리 / 키 / 끼 / 도끼 / 뿌리 / 토끼 / 부리 / 보도 / 포도 / START 시작 / FINISH 끝

연습 3 **써 보세요.** Write the following words.

2 한글 II
Hangeul II

1과 한글 배우기 (3)
Learning Hangeul (3)

모음 글자 3 Vowels 3

연습 1 아래 박스에서 다음 단어를 찾아보세요. Look for the following words in the box below.

의사   매워요   스웨터   가위

화가   회의   쉬다   돼지

쉬	다	요	회	사
리	외	의	사	의
매	워	요	돼	과
화	가	리	지	구
려	위	스	웨	터

연습 2 **써 보세요.** Write the following words.

받침 Ending Consonants

연습 1 다음 단어를 읽어 보세요. Read the following words.

부엌   레몬   빗   무릎

삼   한국   연필   냉장고

연습 2 보기 와 같이 다음 단어 중 받침 발음이 다른 하나를 고르세요.
Choose one of the following words that has a different ending consonant than the other words as shown in example.

연습 3 써 보세요. Write the following words.

2 한글 II
Hangeul II

2과 교실 한국어와 인사
Classroom Korean and Greetings

교실 한국어 Classroom Korean

연습 1 써 보세요. Write the numbers in Korean.

1	2	3	4	5
일				오
6	7	8	9	10
		팔		

연습 2 읽고 쓰세요. Read and write the following words.

보기

 119 | 일 | 일 | 구 |

1)  112

2)  02-756-7300

3)  02-880-5488

연습 3 친구와 같이 읽어 보세요. Read the following with your partner.

인사 Greetings

연습 1 그림을 보고 알맞은 인사말을 찾아서 쓰세요.
Look at the picture and find the correct greeting form. Then, write it.

① 고마워요 ② 안녕하세요
③ 반가워요 ④ 안녕히 가세요
⑤ 안녕히 계세요

　안녕하세요　?

1) 만나서 _____.

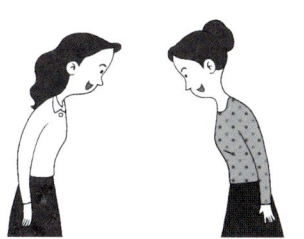

2) _____.

안녕히 가세요.

3) _____.

4) _____.

5) _____.

3 소개 Introductions

1과 저는 미국 사람이에요
I'm American

어휘 Vocabulary

1. 보기 와 같이 빈칸에 알맞은 단어를 쓰세요.
Fill in the blank with the correct word as shown in the example.

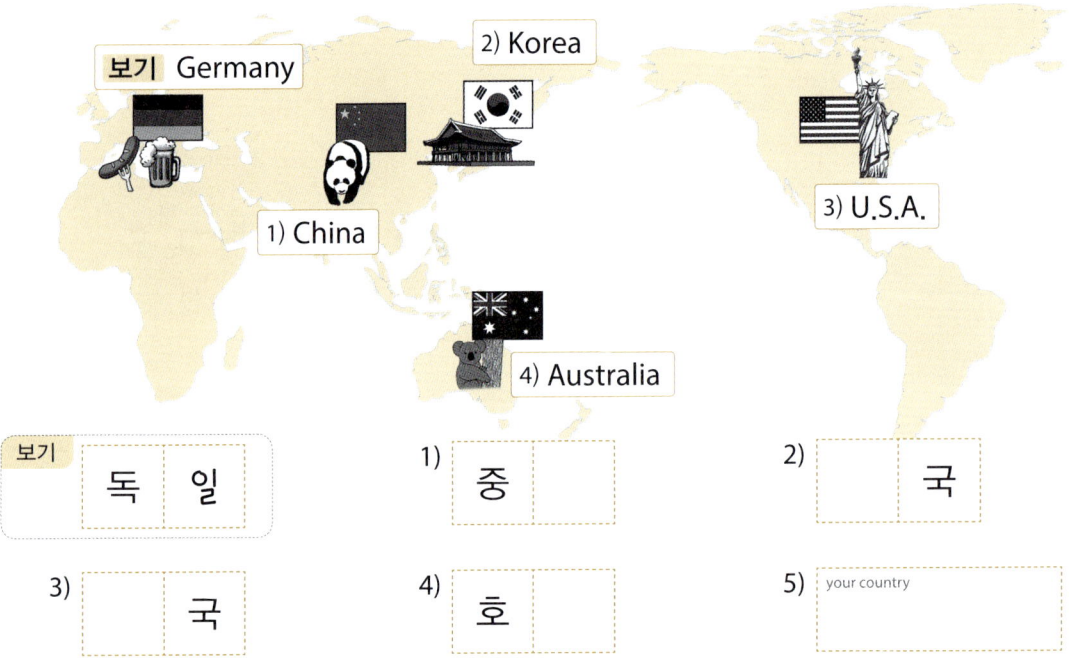

보기	독 일
1)	중
2)	국
3)	국
4)	호
5)	your country

2. 보기 와 같이 알맞은 단어를 찾아 연결하세요.
Connect the picture to the correct word as shown in the example.

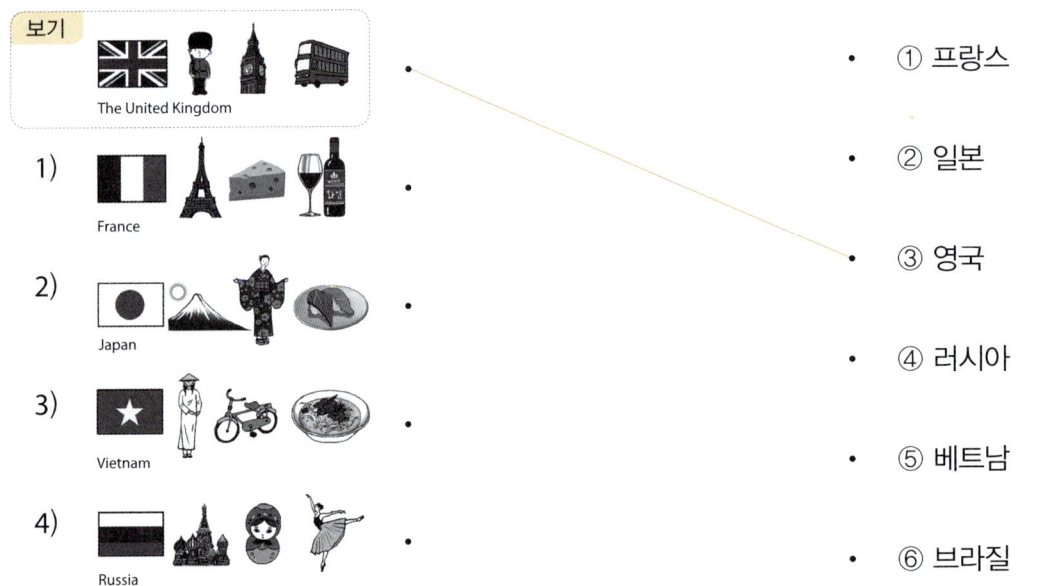

- ① 프랑스
- ② 일본
- ③ 영국
- ④ 러시아
- ⑤ 베트남
- ⑥ 브라질

핵심 표현 Key Expression ❶ | 저는 N이에요/예요

1. 보기 와 같이 알맞은 것을 고르세요.
Choose the correct answer as shown in the example.

보기

지우
지우(예요/ 이에요).

1) 양양
양양(예요 / 이에요).

2) 로렌

로렌(예요 / 이에요).

3) 아딜라

아딜라(예요 / 이에요).

2. 그림을 보고 보기 와 같이 문장을 완성해 보세요.
Look at the following pictures and complete the sentences as shown in the example.

보기
안녕하세요? 저는 ___민준이에요___.
저는 ___한국 사람이에요___.
민준 (한국 사람)

1) 안녕하세요? 저는 _____.
저는 _____.

팅팅 (중국 사람)

2) 안녕하세요? 저는 _____.
저는 _____.

다쿠야 (일본 사람)

3) 안녕하세요? 저는 _____.
저는 _____.

안나 (러시아 사람)

4) 안녕하세요? 저는 _____.
저는 _____.

기욤 (프랑스 사람)

핵심 표현 Key Expression ❷ | N이에요/예요?

1. '이에요'와 '예요' 중에서 알맞은 것을 골라 대화를 완성하세요.
Complete the conversation by choosing the right one from '이에요' or '예요'.

1) A: 어느 나라 사람_____?
   B: 저는 호주 사람이에요.

2) A: 이름이 뭐_____?
   B: 김민준이에요.

2. 보기 와 같이 알맞은 질문과 대답을 연결하세요.
Connect the matching question and answer as shown in the example.

보기
어느 나라 사람이에요? • — • 미국 사람이에요.
미국 사람이에요? • — • 네, 저는 미국 사람이에요.

1) 어느 나라 사람이에요? •
   영국 사람이에요? •
   • 저는 영국 사람이에요.

2) 어느 나라 사람이에요? •
   베트남 사람이에요? •
   • 네, 저는 베트남 사람이에요.

3) 어느 나라 사람이에요? •
   브라질 사람이에요? •
   • 네, 저는 브라질 사람이에요.

3. 문장을 읽고 ↘, ↗로 억양을 표시해 보세요.
Read the sentences and mark the direction of the intonation as ↘ or ↗.

1) 양양 씨예요? ☐
2) 인도 사람이에요. ☐
3) 저는 에밀리예요. ☐
4) 한국 사람이에요? ☐

3 소개 Introductions

2과 팅팅 씨는 학생이에요?
Tingting, are you a student?

어휘 Vocabulary

1. '네', '아니요' 중에서 알맞은 것을 골라 쓰세요.
Write '네' or '아니요' to complete the sentence.

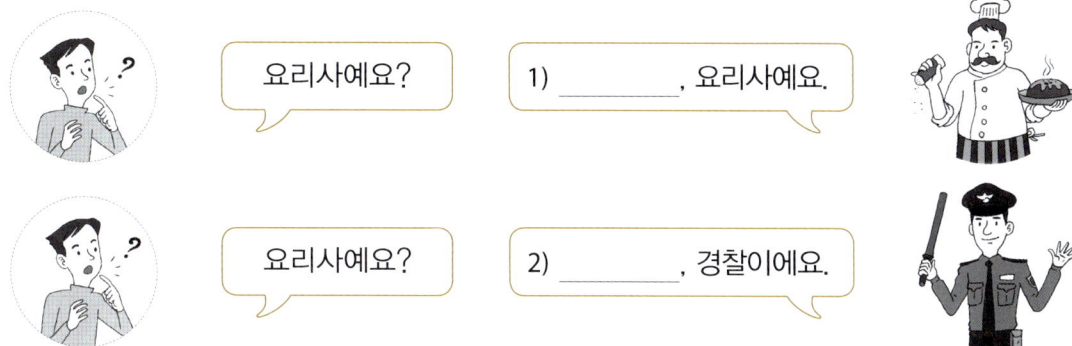

요리사예요? 1) _____, 요리사예요.

요리사예요? 2) _____, 경찰이에요.

2. 보기 와 같이 알맞은 단어를 찾아 연결하세요.
Connect the picture to the correct word as shown in the example.

① 선생님

② 의사

③ 기자

④ 학생

⑤ 간호사

⑥ 가수

핵심 표현 Key Expression ❶ | N은/는

1. 보기 와 같이 쓰세요.
Fill in the table as shown in the example.

저	보기 저는	학생	보기 학생은
의사	1)	선생님	2)
여기	3)	이쪽	4)

2. 그림을 보고 보기 와 같이 문장을 완성해 보세요.
Look at the following pictures and complete the sentences as shown in the example.

보기

양양은 _____학생이에요_____.   양양 / 학생

1) 에밀리____ _____.   에밀리 / 군인

2) 기욤____ _____.   기욤 / 요리사

3) _____.   라샨 / 연구원

4) _____.   올리버 / 변호사

5) _____.   팅팅 / 선생님

28 3. 소개

핵심 표현 Key Expression ❷ | N이/가 아니에요

1. 보기 와 같이 알맞은 것을 고르세요.
Choose the correct answer as shown in the example.

> 보기
> 학생(**이** / 가) 아니에요.

1) 기자(이 / 가) 아니에요.   2) 선생님(이 / 가) 아니에요.

3) 간호사(이 / 가) 아니에요.   4) 한국 사람(이 / 가) 아니에요.

2. 그림을 보고 보기 와 같이 대화를 완성해 보세요.
Look at the following pictures and complete the sentences as shown in the example.

> 보기
> A: 케빈 씨는 호주 사람이에요?
> B: 아니요, 저는 __호주 사람이 아니에요__.
> 미국 사람이에요.

1) A: 미아 씨는 영국 사람이에요?
B: 아니요, 저는 _____.
독일 사람이에요.

2) A: 에바 씨는 가수예요?
B: 아니요, 저는 _____.
학생이에요.

3) A: 다쿠야 씨는 의사예요?
B: _____, 저는 _____.
회사원이에요.

4) A: 로렌 씨는 경찰이에요?
B: _____, 저는 _____.
기자예요.

종합 연습 Comprehensive Exercises

1. 빈칸에 알맞은 말을 쓰세요. Fill in the blanks with the correct word.

1)

   투이 씨예요.
   투이 씨는 <u>베트남</u> 사람이에요. <u>가이드</u>예요.

2)

   케빈 씨예요.
   케빈 씨는 <u>미국 사람</u>이에요. _____이에요.

3)

   민준 씨예요.
   민준 씨는 _____ 사람이에요. 학생이에요.

4)

   로렌 씨예요.
   로렌 씨는 _____ 사람이에요. _____예요.

5)

   기욤 씨예요.
   기욤 씨는 _____이에요. _____예요.

6)

   다쿠야 씨예요.
   다쿠야 씨는 _____이에요. _____이에요.

새 단어 New Vocabulary   가이드 guide

2. 알맞은 것을 골라 빈칸에 쓰세요. Write the correct word in the blank.

| 은 | 는 | 이에요 | 예요 |

1) 저___ 유카_____.   2) 케빈___ 미국 사람_____.

3) 이쪽___ 로렌 씨_____.   4) 기욤 씨___ 요리사_____.

5) 양양 씨___ 학생_____.   6) 선생님___ 한국 사람_____.

3. 단어를 순서에 맞게 배열하여 문장을 완성하세요.
Put the words in the correct order to form a sentence.

1) 올리버   이쪽은   씨   예요

➡ _____.

2) 한국   이에요   사람   저는

➡ _____.

3) 투이 씨   아니에요   선생님이   는

➡ _____.

4) 기자   은   로렌   예요

➡ _____.

5) 에바는   어느   이에요   사람   나라

➡ _____?

4. 알맞은 것을 골라 빈칸에 쓰세요. Write the correct word in the blank.

한국어   중국어   일본어   영어   베트남어   프랑스어   독일어

1) 한국어   2) _____   3) _____   4) _____   5) _____

5. 그림을 보고 대화를 완성해 보세요.
Look at the following pictures and complete the sentences with the correct word.

새 단어 / New Vocabulary: 중국어 Chinese language   일본어 Japanese language   영어 English language   베트남어 Vietnamese language   프랑스어 French language   독일어 German language   뉴욕 New York

6. 다음을 읽고 맞는 답을 쓰세요.
Read the following information and write the correct answer.

ARRIVAL CARD

Family Name / 姓	Given Name / 名	☑ Male / 男 ☐ Female / 女
김	민준	
Nationality / 國籍	Date of Birth / 生年月日(YYYY-MM-DD)	Passport No. / 旅券番號
한국	20**. 11. 08.	M16889*
Home Address / 本國住所		Occupation / 職業
한국, 서울		학생

1) 김민준 씨는 직업이 뭐예요? What is Minjun Kim's job?

   김민준 씨는 _____.

2) 위의 내용과 같으면 ○, 다르면 ×표 하세요
   If the sentence is the same as above, then write ○. If not, then write ×.

   ① 김민준 씨는 한국 사람이에요.   (   )
   ② 김민준 씨는 남자예요.   (   )
   ③ 김민준 씨는 학생이 아니에요.   (   )

새 단어
New Vocabulary   남자 male

4 물건
Items and Objects

1과 이거는 뭐예요?
What is this?

어휘 Vocabulary

1. 보기 와 같이 알맞은 것을 찾아 연결하세요. Connect the picture to the correct word as shown in the example.

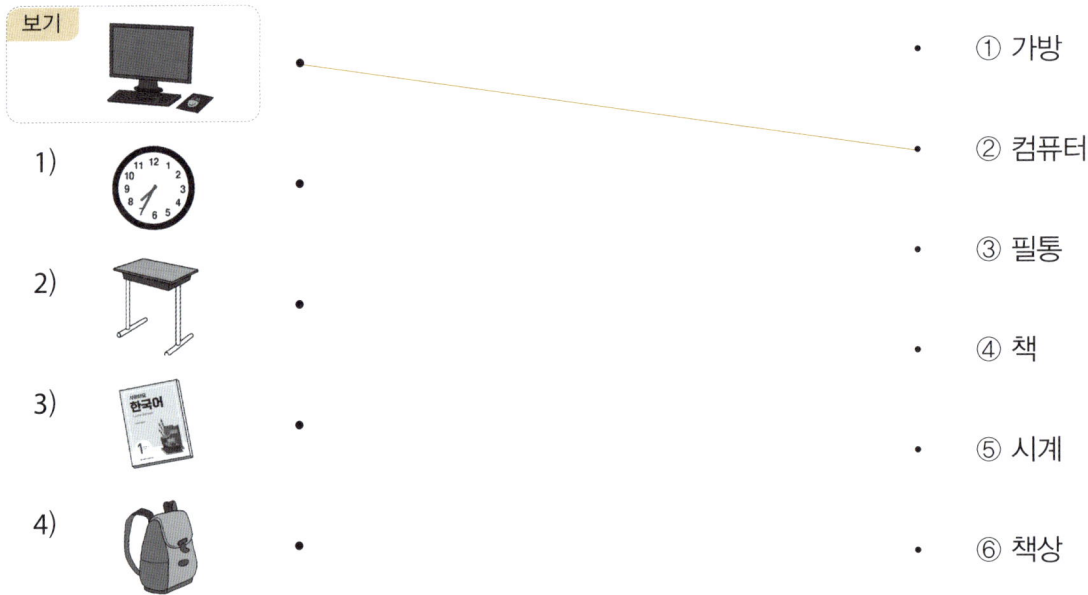

2. 보기 와 같이 빈칸에 알맞은 단어를 쓰세요. Fill in the blank with the correct word as shown in the example.

핵심 표현 Key Expression ❶ | 이거/그거/저거

1. 그림을 보고 보기 와 같이 '이거, 그거, 저거'를 쓰세요.
Look at the following pictures and write either '이거, 그거, or 저거' as shown in the example.

2. 그림을 보고 보기 와 같이 대화를 완성해 보세요.
Look at the following pictures and complete the conversations as shown in the example.

> 보기
> A: 이거는 뭐예요?
> B: 이거는 책이에요_____.
>
> A: 이거는 책이에요?
> B: 네, 이거는 책이에요_____.
>
> A: 이거는 공책이에요?
> B: 아니요, 이거는 책이에요_____.

1) A: 이거는 뭐예요?
   B: _____.

2) A: 그거는 뭐예요?
   B: _____.

3) A: 저거는 지도예요?
   B: _____.

4) A: 이거는 책상이에요?
   B: _____.

핵심 표현 Key Expression ❷ | N(의) N

1. 누구의 물건이에요? 그림을 보고 보기 와 같이 문장을 완성하세요.
Whose item is it? Look at the following pictures and complete the sentences as shown in the example.

보기 이거는 팅팅 씨 의 가방이에요.   1) 이거는 다쿠야 씨____ 지우개예요.

2) 이거는 _____ 예요/이에요.   3) 이거는 _____ 예요/이에요.

2. 그림을 보고 보기 와 같이 대화를 완성해 보세요.
Look at the following pictures and complete the conversations as shown in the example.

보기
A: 기욤 씨, 이거는 기욤 씨의 휴대폰이에요?
B: 네, 제 휴대폰이에요_____.
B': 아니요, 다쿠야 씨의 휴대폰이에요_____.

1) A: 유카 씨, 이거는 유카 씨의 시계예요?
   B: 네, _____.

2) A: 양양 씨, 이거는 양양 씨의 노트북이에요?
   B: 아니요, _____.

3) A: 올리버 씨, 이거는 올리버 씨의 볼펜이에요?
   B: 네, _____.

4) A: 로렌 씨, 이거는 로렌 씨의 공책이에요?
   B: 아니요, _____.

4 물건 Items and Objects

2과 휴지가 있어요?
Do you have any tissues?

어휘 Vocabulary

1. 보기 와 같이 빈칸에 알맞은 단어를 쓰세요.
Fill in the blank with the correct word as shown in the example.

| 보기 | 휴 | 지 |

1) 　　　　2) 　　　　3)

4) 　　　　5) 　　　　6)

2. 보기 와 같이 알맞은 것을 찾아 연결하세요.
Connect the picture to the correct word as shown in the example.

보기: 안경

1) 지갑
2) 물

3) 카드
4) 카메라
5) 우산

핵심 표현 Key Expression ❶ | 이/그/저 N

1. 그림을 보고 보기 와 같이 빈칸에 알맞은 단어를 쓰세요.
Look at the following pictures and write the correct word as shown in the example.

보기: 이 카메라는 제 카메라예요.

1) ___ 카메라는 기욤 씨 카메라예요.
2) ___ 사전은 제 사전이에요.
3) ___ 사전은 유카 씨 사전이에요.
4) ___ 지갑은 에바 씨 지갑이에요.
5) ___ 지갑은 제 지갑이에요.

2. 그림을 보고 보기 와 같이 대화를 완성해 보세요.
Look at the following pictures and complete the conversations as shown in the example.

보기: 그 열쇠는 양양 씨 열쇠예요? — 네, 이 열쇠는 제 열쇠예요.

1) ___ 카드는 다쿠야 씨 카드예요?
2) 아니요, ___ 카드는 제 카드가 아니에요.
3) ___ 사람은 올리버 씨 친구예요?
4) 네, ___ ___은/는 제 친구예요.
5) ___ ___은/는 에밀리 씨 ___ 예요/이에요?
6) 네, ___ ___은/는 제 ___ 예요/이에요.

4. 물건

핵심 표현 Key Expression ❷ | N이/가 있어요/없어요

1. 보기 와 같이 알맞은 것을 고르세요.
Choose the correct answer as shown in the example.

보기: 안경 (이 / 가) 있어요.

1) 카메라 (이 / 가) 있어요.
2) 시계 (이 / 가) 있어요.
3) 거울 (이 / 가) 없어요.
4) 열쇠 (이 / 가) 없어요.
5) 사진 (이 / 가) 없어요.

2. 그림을 보고 보기 와 같이 대화를 완성해 보세요.
Look at the following pictures and complete the conversations as shown in the example.

보기:
- 돈이 있어요? → 네, 있어요.
- 돈이 있어요? → 아니요, 없어요.

우산이 있어요?
1) 아니요, _____.

카메라가 있어요?
2) 네, _____.

3) _____?
4) 아니요, _____.

5) _____?
6) 네, _____.

종합 연습 Comprehensive Exercises

1. 그림을 보고 빈칸에 알맞은 단어를 쓰세요.
Look at the following pictures and fill in the blanks with the correct word.

	①	ⓐ			②	ⓑ		
	공	책						
							③ ⓒ	
	④ ⓓ							
				⑤ ⓔ				
								ⓕ
							⑥	

가로 (horizontal) ➡

① (notebook) ② (world map)
③ (clothes) ④ (dictionary)
⑤ (card) ⑥ (cap)

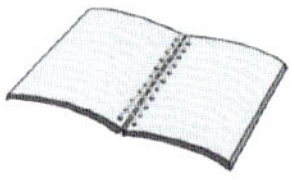

세로 (vertical) ⬇

ⓐ (desk) ⓑ (book)
ⓒ (cell phone) ⓓ (photo)
ⓔ (camera) ⓕ (chair)

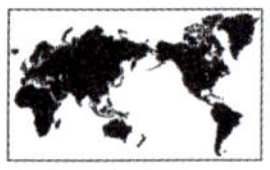

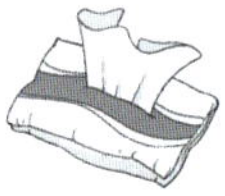

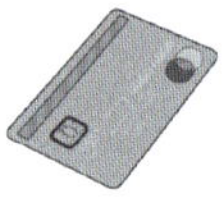

4. 물건

2. 그림을 보고 보기 와 같이 빈칸에 알맞은 말을 쓰세요.
Look at the following pictures and write the correct word in the blank.

보기

① 이거
② 이 책상

1)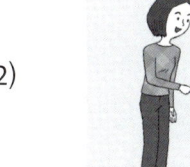

① _____
② _____

2)

① _____
② _____

3)

_____

4)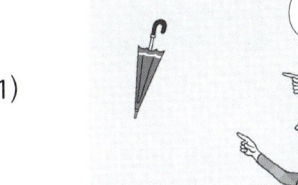

_____

3. 단어를 순서에 맞게 배열하여 문장을 완성하세요.
Put the words in the correct order to form a sentence.

1) 예요   그   케빈 씨   사람은

   ➡ _____.

2) 제   저거는   아니에요   볼펜이

   ➡ _____.

3) 유카 씨   이에요   의   이거는   지갑

   ➡ _____.

4) 가   저는   없어요   컴퓨터

   ➡ _____.

5) 사전   양양 씨는   있어요   이

   ➡ _____?

4. 보기 와 같이 알맞은 대답을 고르세요.
Choose the correct answer as shown in the example.

| 보기 | 지우개가 있어요? | ✔ 네, 있어요. | ☐ 네, 지우개예요. |

1) 이거는 지갑이에요?   ☐ 지갑이 있어요.   ☐ 네, 지갑이에요.
2) 물이 있어요?   ☐ 아니요, 없어요.   ☐ 아니요, 물이에요.
3) 저 사람은 누구예요?   ☐ 제 친구예요.   ☐ 네, 한국 사람이에요.
4) 이거는 한국어로 뭐예요?   ☐ 창문이에요.   ☐ 아니요, 한국어예요.
5) 그 책은 투이 씨 책이에요?   ☐ 네, 그거는 책이에요.   ☐ 네, 투이 씨 책이에요.

5. 이거는 정우의 가방이에요. 보기 와 같이 맞으면 ○, 틀리면 ×표 하세요.
This is Jungwoo's bag. If the sentence is correct, then write ○. If not, then write × as shown in the example.

| 보기 | 모자가 있어요. | (○) |

1) 휴지가 없어요.   (   )
2) 노트북이 있어요.   (   )
3) 우산이 있어요.   (   )
4) 안경이 없어요.   (   )
5) 카메라가 없어요.   (   )

5 음식과 주문
Food and Ordering

1과 오렌지 주스 주세요
Please give me some orange juice

어휘 Vocabulary

1. 그림을 보고 보기 와 같이 빈칸에 알맞은 단어를 쓰세요.
   Look at the following picture and write the correct word in the blank.

보기: 포 크

1) ☐ ☐ ☐   2) ☐ ☐ ☐   3) ☐ ☐

4) ☐ ☐   5) ☐ ☐ ☐   6) ☐ ☐ ☐ ☐

2. 보기 와 같이 알맞은 것을 찾아 연결하세요. Connect the picture to the correct word as shown in the example.

보기: 녹차   1) 유자차   2) 포도 주스   3) 사과 주스   4) 아이스커피

새 단어 New Vocabulary: 포크 fork

핵심 표현 Key Expression ❶ | V–(으)세요

1. 보기 와 같이 메뉴를 보고 주문해 보세요.
Take a look at the menu and practice ordering as shown in the example.

보기: 아메리카노 주세요.

1) _____.
2) _____.
3) _____.
4) _____.

2. 식당에서 손님과 종업원이 어떻게 이야기할까요? 보기 와 같이 문장을 완성해 보세요.
How do customers and employees talk at a restaurant? Complete the sentences as shown in the example.

보기: 어서 __오세요__.
(오다)

1) 여기 _____.
(앉다)

2) 메뉴 _____.
(주다)

3) _____.
(주다)

4) 잠깐만 _____.
(기다리다)

새 단어 New Vocabulary 어서 오세요 welcome, come in   오다 to come

핵심 표현 Key Expression ❷ | 수 1 (하나, 둘, 셋, 넷, …)

1. 다음과 같이 쓰세요. Write the following numbers in Korean.

1	2	3	4	5
일				오
6	7	8	9	10
		팔		

2. 그림을 보고 보기 와 같이 문장을 완성해 보세요.
Look at the following pictures and complete the sentences as shown in the example.

보기: 빵 — __빵 하나__ 주세요.

1) 홍차 — _____ 주세요.
2) 쿠키 — _____ 주세요.
3) 유자차 — _____ 주세요.
4) 샌드위치 — _____.

5 음식과 주문
Food and Ordering

2과 비빔밥하고 콜라 한 병 주세요
Please give me bibimbap and a bottle of cola

어휘 Vocabulary

1. 그림을 보고 보기 와 같이 빈칸에 음식의 이름을 쓰세요.
   Look at the following picture and write the names of the food in the blanks as shown in the example.

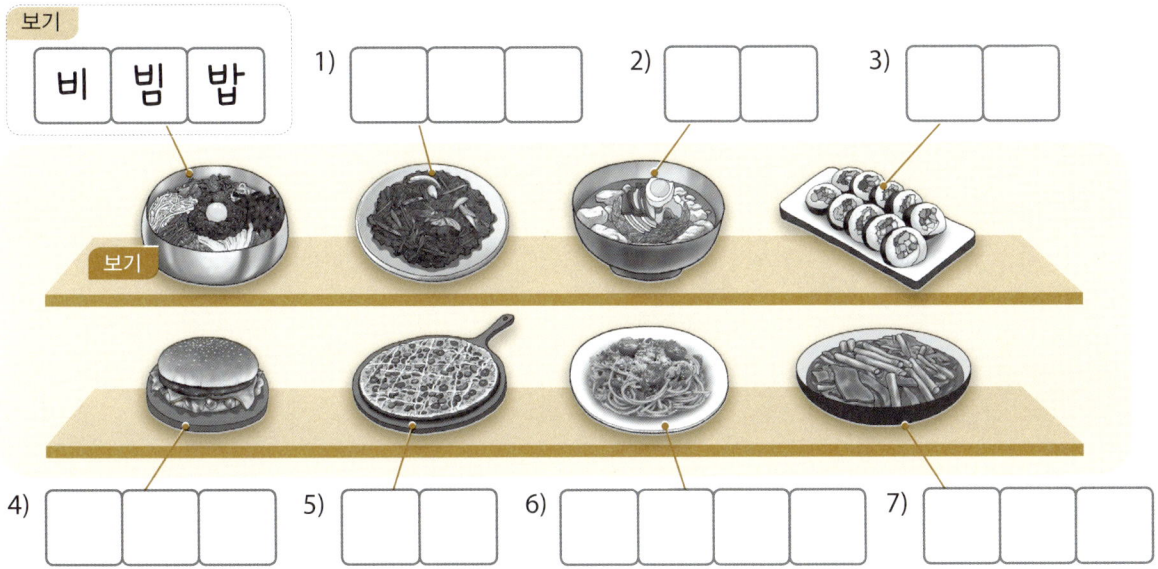

2. 그림을 보고 보기 와 같이 주문해 보세요.
   Look at the following pictures and practice ordering as shown in the example.

핵심 표현 Key Expression ❶ | N 개/병/잔/그릇

1. 보기 와 같이 알맞은 것을 연결하세요. Connect the picture to the correct word as shown in the example.

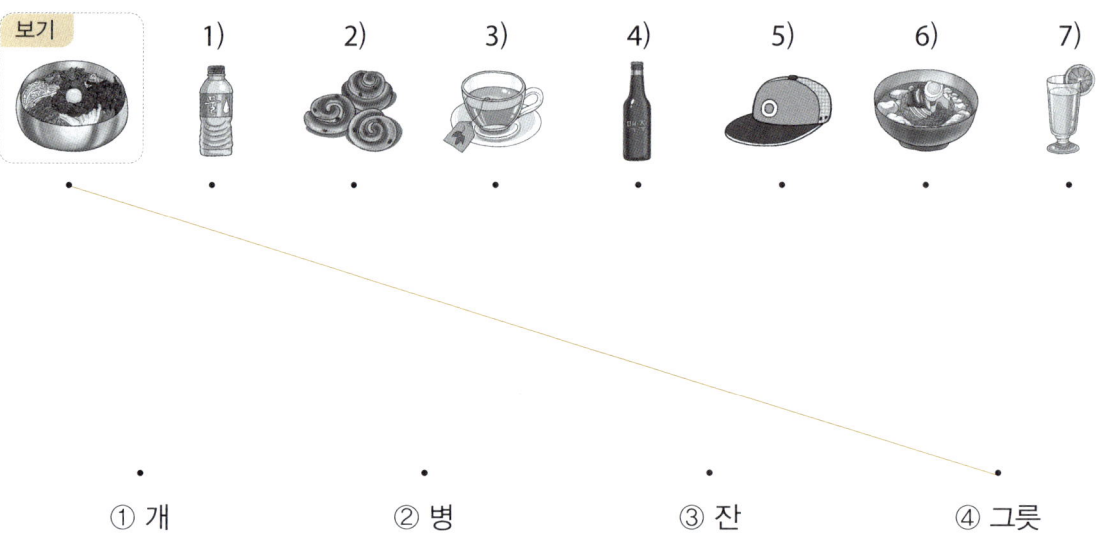

① 개 ② 병 ③ 잔 ④ 그릇

2. 그림을 보고 보기 와 같이 빈칸에 알맞은 말을 쓰세요.
Look at the following pictures and write the correct words in the blanks as shown in the example.

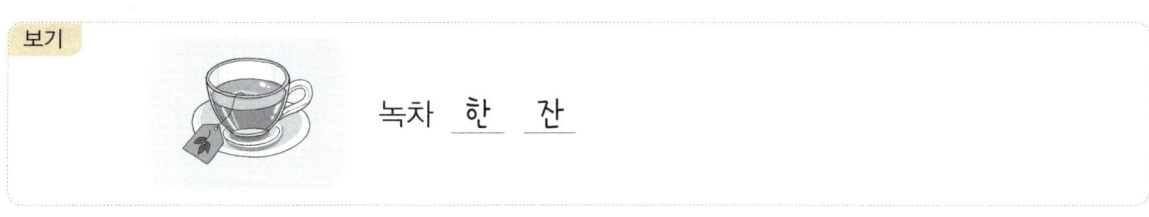

녹차 한 잔

1)  콜라 _____ _____
2)  쿠키 _____ _____

3)  햄버거 _____ _____
4)  물 _____ _____

5)  비빔밥 _____ _____
6)  유자차 _____ _____

핵심 표현 Key Expression ❷ | N하고 N

1. 그림을 보고 보기 와 같이 써 보세요. Look at the following pictures and write the words together using '하고'.

보기: 우유 + 쿠키 → 우유하고 쿠키

1) 공책 + 볼펜
2) 커피 + 빵
3) 의사 + 간호사
4) 치킨 + 맥주

2. 그림을 보고 보기 와 같이 문장을 완성해 보세요.
Look at the following pictures and complete the sentences as shown in the example.

보기: 햄버거 + 콜라 → 햄버거 한 개하고 콜라 한 잔 주세요.

1) 커피 + 빵 _____ 주세요.
2) 비빔밥 + 냉면 _____ 주세요.
3) 홍차 + 쿠키 _____ 주세요.
4) 샌드위치 + 사이다 _____ 주세요.

종합 연습 Comprehensive Exercises

1. 보기 와 같이 숫자를 한국어로 써 보세요. Write the numbers in Korean as shown in the example.

> 보기
> 빵 5개 주세요. ➡ 빵 <u>다섯 개</u> 주세요.

1) 홍차 4잔 주세요. ➡ 홍차 _____ 주세요.

2) 냉면 1그릇 주세요. ➡ 냉면 _____ 주세요.

3) 쿠키 6개 주세요. ➡ 쿠키 _____ 주세요.

4) 치킨 1마리하고 맥주 2병 주세요. ➡ 치킨 _____ 하고 맥주 _____ 주세요.

5) 불고기 3인분하고 콜라 3병 주세요. ➡ 불고기 _____ 하고 콜라 _____ 주세요.

2. 보기 와 같이 알맞은 대답을 고르세요. Choose the correct answer as shown in the example.

> 보기
> 뭐 드릴까요? ☐ 여기 있어요. ☑ 커피 하나 주세요.

1) 뭐 드릴까요? ☐ 이거는 불고기예요. ☐ 불고기 일 인분 주세요.

2) 빵이 있어요? ☐ 네, 한 병 있어요. ☐ 네, 한 개 있어요.

3) 포도 주스 있어요? ☐ 아니요. 없어요. ☐ 네, 사과 주스가 있어요.

4) 녹차 한 잔 주세요. ☐ 네, 잠깐만 기다리세요. ☐ 네, 메뉴 좀 주세요.

3. 그림을 보고 보기 와 같이 문장을 완성해 보세요.
Look at the following pictures and complete the sentences as shown in the example.

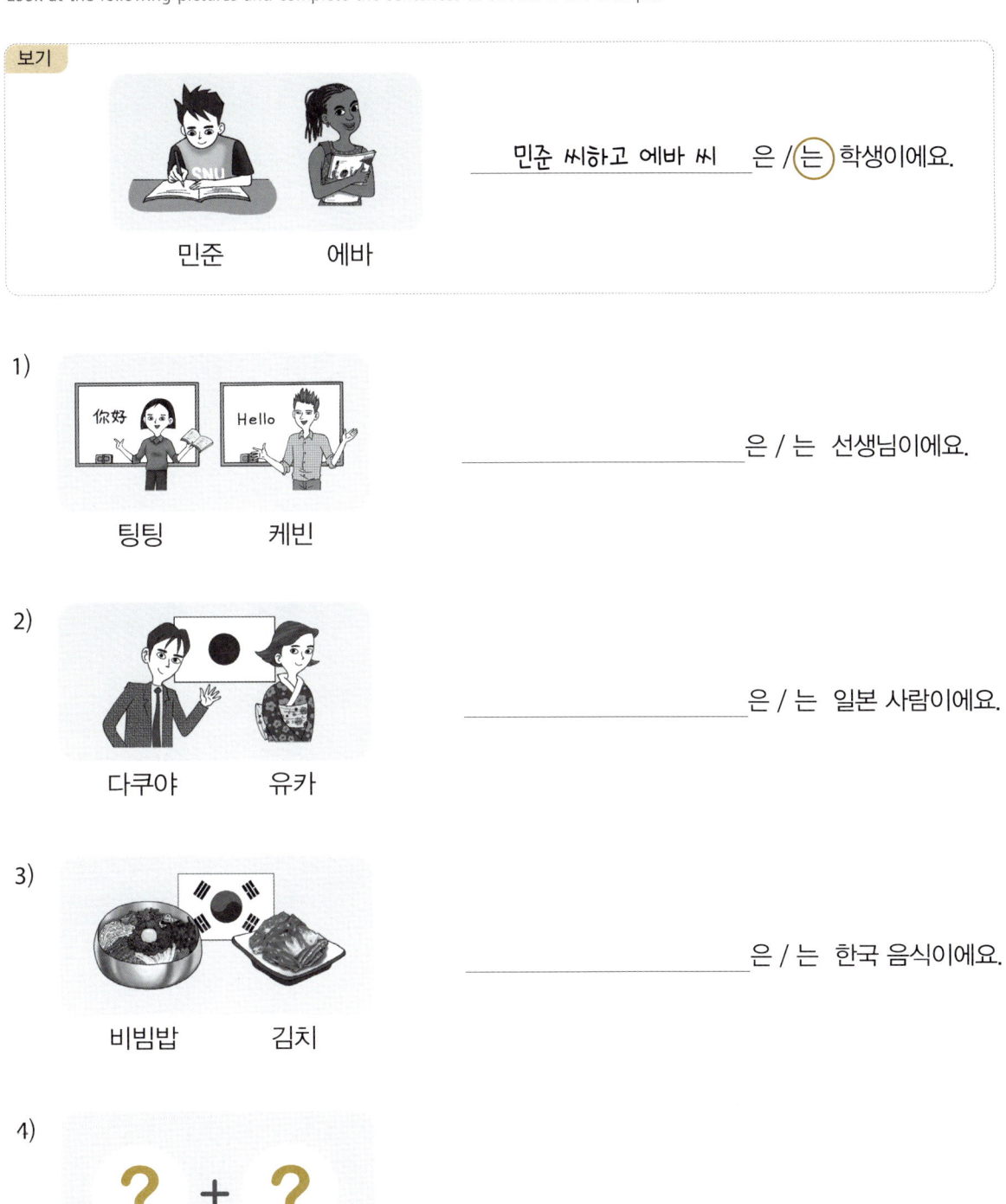

보기: ___민준 씨하고 에바 씨___ 은 /(는) 학생이에요.

1) _____ 은 / 는 선생님이에요.

2) _____ 은 / 는 일본 사람이에요.

3) _____ 은 / 는 한국 음식이에요.

4) _____ .

4. 단어를 순서에 맞게 배열하여 문장을 완성해 보세요.
Put the words in the correct order to form a sentence.

1) 하나   주세요   사과

   ➡ _____.

2) 주세요   더   물   좀

   ➡ _____.

3) 주세요   그릇   비빔밥   한

   ➡ _____.

4) 떡볶이   주세요   김밥하고

   ➡ _____.

5) 두 잔   포도 주스   주세요   샌드위치   한 개하고

   ➡ _____.

5. 아래에서 알맞은 표현을 찾아 보기 와 같이 대화를 완성해 보세요.
Complete the conversations by writing the correct expression from the box as shown in the example.

| 여기요 | 잠깐만 기다리세요 | 어서 오세요 |
| 더 주세요 | 메뉴 좀 주세요 | |

보기
A: 어서 오세요. 여기 앉으세요.

B: 1) _____.
A: 여기 있어요.

• • •

B: 2) _____.
A: 뭐 드릴까요?
B: 삼겹살 이 인분하고 소주 한 병 주세요.
A: 네, 3) _____.

• • •

B: 여기 반찬하고 물 좀 4) _____.
A: 네, 여기 있어요.
B: 감사합니다.

새 단어 / New Vocabulary: 삼겹살 pork belly

6 일상생활
Daily Life

1과 지금 뭐 해요?
What are you doing?

어휘 Vocabulary

1. 사람들이 뭐 해요? 그림을 보고 보기 와 같이 빈칸에 알맞은 단어를 쓰세요.
What are the people doing? Look at the following picture and write down in the blanks the correct word as shown in the example.

보기: 자다

1) 2) 3)
4) 5) 6)

2. 보기 와 같이 알맞은 것을 찾아 연결하세요. Connect the picture to the correct word as shown in the example.

보기: 일하다   1) 마시다   2) 가르치다   3) 이야기하다

핵심 표현 Key Expression ❶ | V-아요/어요

1. 다음과 같이 쓰세요. Fill in the table with the correct form of each word.

ㅏ, ㅗ + -아요		하다 → -해요		ㅓ, ㅜ, ㅣ … + -어요	
자다	자요	좋아하다		먹다	
만나다		일하다		읽다	
사다		쇼핑하다	쇼핑해요	쉬다	
보다		운동하다		배우다	배워요
앉다		전화하다	전화해요	마시다	

2. 그림을 보고 보기 와 같이 대화를 완성해 보세요.
Look at the following pictures and complete the conversations as shown in the example.

보기
지금 뭐 해요?   공부해요.

1) 지금 뭐 해요?   _____.

2) 지금 뭐 해요?   _____.

3) 지금 뭐 해요?   _____.

4) 지금 뭐 해요?   _____.

새 단어 / New Vocabulary 쇼핑하다 to shop

핵심 표현 Key Expression ❷ | N을/를

1. 보기 와 같이 알맞은 것을 쓰세요.

Fill in the blanks with the particle '을' or '를'.

> 보기
> 올리버 씨는 샌드위치를 먹어요.

1) 에밀리 씨는 빵___ 사요.

2) 케빈 씨는 영어___ 가르쳐요.

3) 다쿠야 씨는 텔레비전___ 봐요.

4) 유카 씨는 아이스커피___ 마셔요.

2. 그림을 보고 보기 와 같이 문장을 완성해 보세요.

Look at the following pictures and complete the sentences as shown in the example.

> 보기
>
> 에밀리 씨는 ___김밥을___ ___먹어요___.

1)  올리버 씨는 _____ _____.

2)  지우 씨는 _____ _____.

3)  양양 씨는 _____ _____.

4)  유카 씨는 _____ _____.

| 새 단어 New Vocabulary | 수영 swim |

6 일상생활 Daily Life

2과 어디에 가요?
Where do you go?

어휘 Vocabulary

1. 보기 와 같이 단어에 알맞은 그림을 찾아 연결하세요.
Connect the picture to the correct word as shown in the example.

보기: 백화점　　1) 공항　　2) 화장실　　3) 극장　　4) 도서관

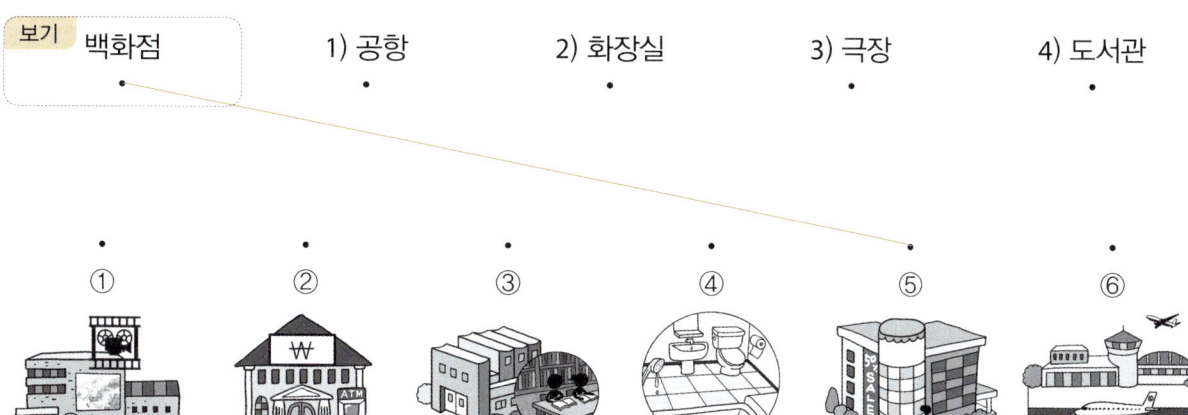

① ② ③ ④ ⑤ ⑥

2. 보기 와 같이 장소의 이름을 쓰고 그 장소에서 할 수 있는 일들을 아래에서 찾아 보세요.
Write the names of the places and what you do there.

① 가르치다　② 노래하다　③ 마시다　④ 먹다　⑤ 사다
⑥ 만나다　⑦ 운동하다　⑧ 읽다　⑨ 자다　⑩ 이야기하다

보기: 시장 (④, ⑤, …)

1)  ( )

2)  ( )

3)  ( )

4) 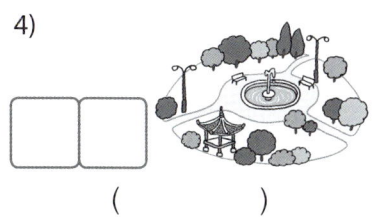 ( )

5)  ( )

핵심 표현 Key Expression ❶ | N에 가다/오다

1. 그림을 보고 보기 와 같이 대화를 완성해 보세요.
Look at the following pictures and complete the conversations as shown in the example.

보기
A: 어디에 가요?
B: __극장에 가요__ .

1)
A: 어디에 가요?
B: _____ .

2)
A: 어디에 가요?
B: _____ .

3)
A: 어디에 가요?
B: _____ .

4)
A: 어디에 가요?
B: _____ .

5)
A: 어디에 가요?
B: _____ .

2. 그림을 보고 보기 와 같이 '가요', '와요' 중에서 알맞은 것을 써 보세요.
Look at the following pictures and write either '가요' or '와요'.

보기  지우 씨는 집에 __와요__ .

1)  지우 씨는 회사에 _____ .

2)  저는 지금 학교에 _____ .

3) 저는 매일 이 커피숍에 _____ .

58　6. 일상생활

핵심 표현 Key Expression ❷ | N에서

1. 보기 와 같이 장소와 거기에서 하는 일을 연결하고 문장을 완성해 보세요.
Connect the place with what you do there and complete the sentences as shown in the example.

보기
- 학교 •　　• 운동하다
1) 공원 •　　• 영화를 보다
2) 서점 •　　• 중국어를 가르치다
3) 극장 •　　• 사전을 사다

보기
학교에서 중국어를 가르쳐요.

1) _____.
2) _____.
3) _____.

2. 그림을 보고 보기 와 같이 대화를 완성해 보세요.
Look at the following pictures and complete the conversations as shown in the example.

보기
도서관
A: 어디에서 책을 읽어요?
B: 도서관에서 책을 읽어요.

1)  회사
A: 어디에서 일해요?
B: _____.

2)  은행
A: 어디에서 돈을 찾아요?
B: _____ _____.

3)  백화점
A: 어디에서 쇼핑해요?
B: _____.

4)  식당
A: 어디에서 _____?
B: _____.

새 단어 New Vocabulary　돈을 찾다 to withdraw money

종합 연습 Comprehensive Exercises

1. 그림을 보고 빈칸에 알맞은 단어를 쓰세요. (동사는 다음과 같이 쓰세요. 예 공부하다 ○, 공부해요 ×)
Look at the following table and fill in the blanks with the correct words. (Write the verbs as such ex 공부하다 ○, 공부해요 ×).

	①ⓐ					③	ⓑ	
	공	부	하	다				
	②							
				ⓒ				
				④			ⓔ	
	⑤	ⓓ						
						⑥	ⓕ	

가로 (horizontal) ➡

① (person writing)
② (hospital)
③ (ooo.com building)
④ (market/shops)
⑤ (woman on phone)
⑥ (buildings with music notes)

세로 (vertical) ⬇

ⓐ (park/fountain)
ⓑ (store/shop counter)
ⓒ (person drinking)
ⓓ (sink/kitchen)
ⓔ (house/embassy)
ⓕ (bookstore)

2. 알맞은 것을 고르세요. Choose the correct answer.

1) 저는 커피숍 (에, 에서) 친구를 만나요.

2) 로렌 씨는 지금 병원 (에, 에서) 가요.

3) 어디 (에, 에서) 숙제를 해요?

4) 유카 씨는 오늘 대사관 (에, 에서) 가요.

5) 학교 (에, 에서) 공부해요. 그리고 집 (에, 에서) 가요.

3. 그림을 보고 보기 와 같이 대화를 완성해 보세요.
Look at the following pictures and complete the conversations as shown in the example.

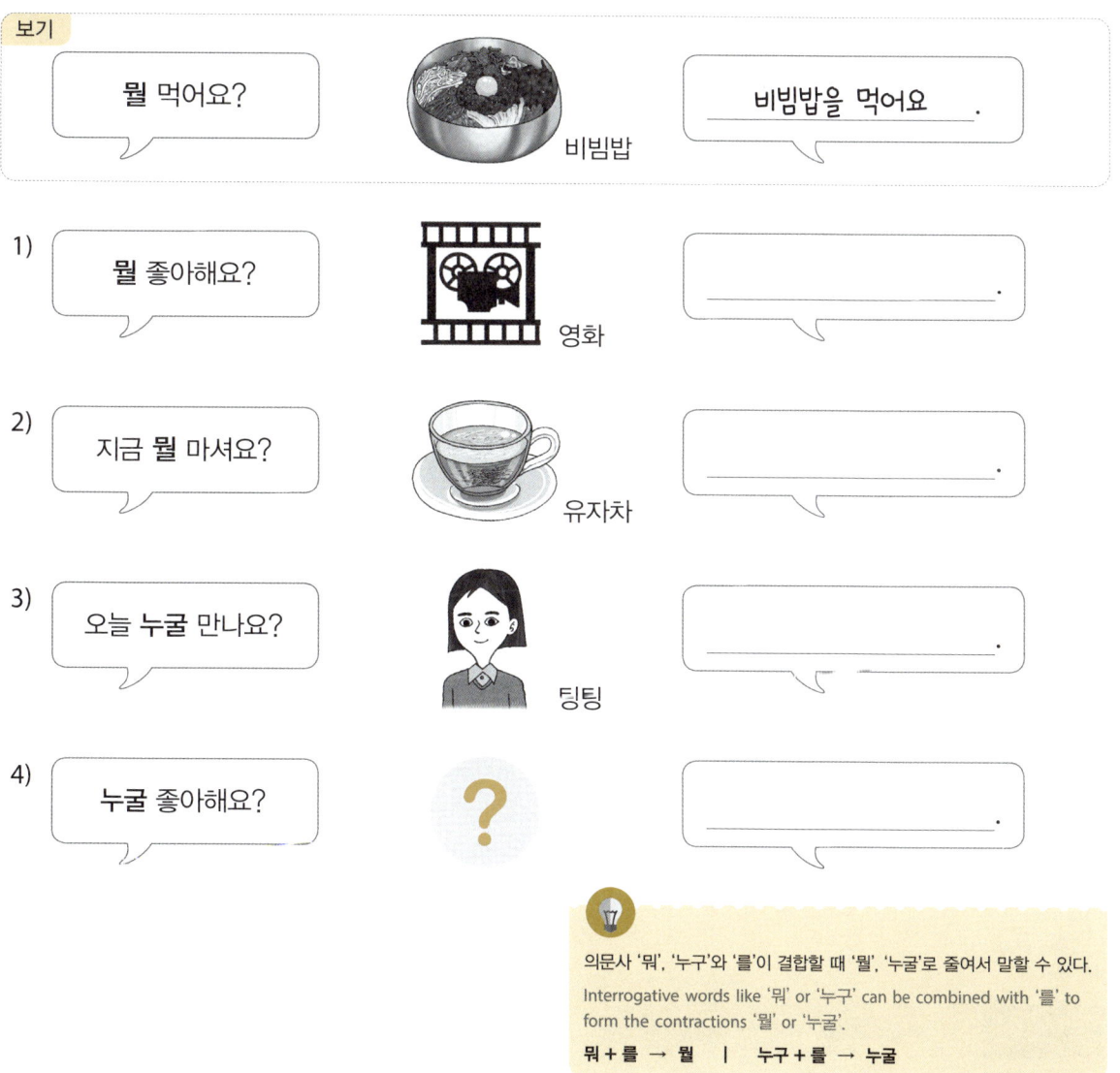

보기
뭘 먹어요? — 비빔밥 — <u>비빔밥을 먹어요</u>.

1) 뭘 좋아해요? — 영화 — _____.

2) 지금 뭘 마셔요? — 유자차 — _____.

3) 오늘 누굴 만나요? — 팅팅 — _____.

4) 누굴 좋아해요? — ? — _____.

💡 의문사 '뭐', '누구'와 '를'이 결합할 때 '뭘', '누굴'로 줄여서 말할 수 있다.
Interrogative words like '뭐' or '누구' can be combined with '를' to form the contractions '뭘' or '누굴'.

뭐 + 를 → 뭘 | 누구 + 를 → 누굴

종합 연습

4. 보기 와 같이 대답에 대한 알맞은 질문을 골라서 써 보세요.
Write the appropriate questions to the answers as shown in the example.

어디에 가요?   어디에서 한국어를 배워요?   집에 가요?
지금 뭐 해요?   여기는 어디예요?

보기
A: <u>어디에 가요</u>?
B: 화장실에 가요.

1) A: _____?
   B: 병원이에요.

2) A: _____?
   B: 친구하고 이야기해요.

3) A: _____?
   B: 네, 집에 가요.

4) A: _____?
   B: 서울대학교에서 배워요.

새 단어 / New Vocabulary   서울대학교 Seoul National University

5. 그림을 보고 이야기를 완성해 보세요.
Look at the following pictures and complete the sentences.

저는 다쿠야예요.

1) _____.

저는 회사원이에요.

매일 2) _____.

저는 여자 친구가 있어요.

오늘 3) _____.

여자 친구하고 극장에서 4) _____.

그리고 커피숍에 가요.

거기에서 5) _____.

그리고 6) _____.

7 쇼핑 Shopping

1과 뭐가 맛있어요?
What tastes delicious?

어휘 Vocabulary

1. 보기 와 같이 알맞은 것을 찾아 연결하세요. Connect the picture to the correct word as shown in the example.

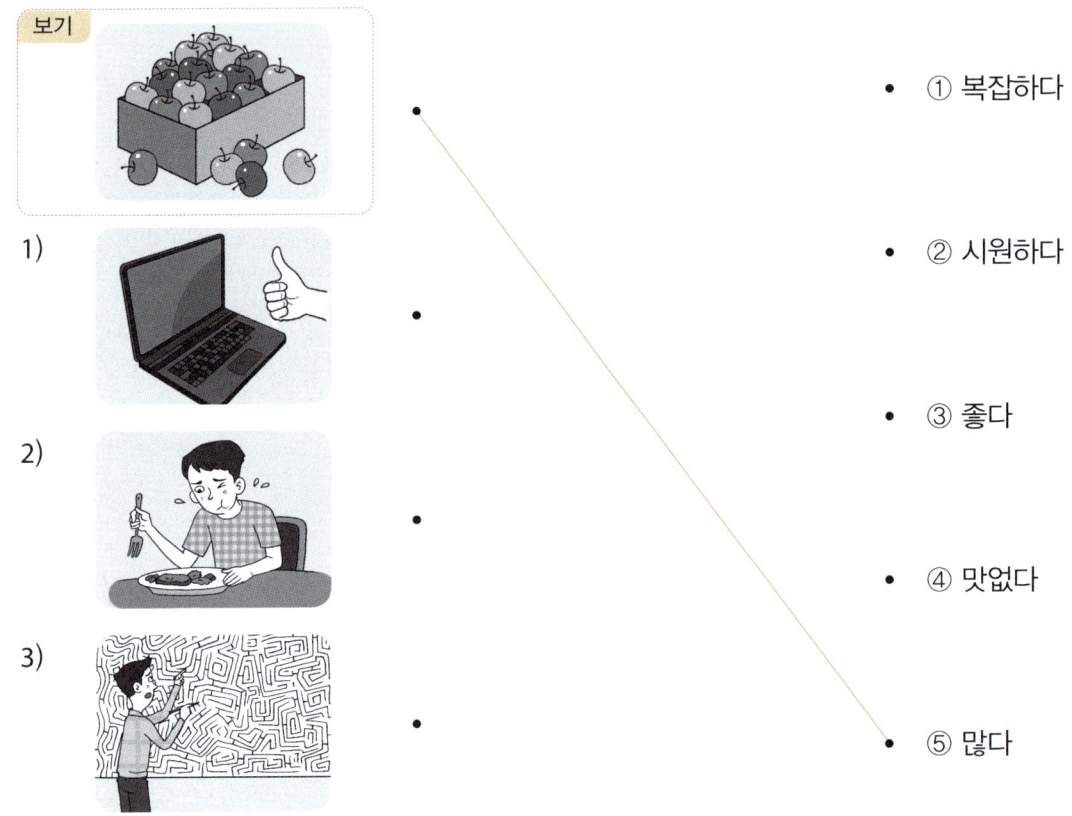

① 복잡하다
② 시원하다
③ 좋다
④ 맛없다
⑤ 많다

2. 보기 와 같이 반대되는 단어를 쓰세요. Write the opposite word as shown in the example.

| 보기 | 많다 ⟷ 적다 |

1) 맛없다 ⟷ _____
2) _____ ⟷ 재미있다
3) 싸다 ⟷ _____

새 단어 New Vocabulary: 적다 few, little

핵심 표현 Key Expression ❶ | N이/가 A-아요/어요

1. 다음과 같이 쓰세요. Fill in the table with the correct form of each word.

ㅏ, ㅗ + -아요		하다 → -해요		ㅓ, ㅜ, ㅣ … + -어요	
싸다	싸요	따뜻하다		맛있다	
비싸다		시원하다	시원해요	맛없다	
많다		친절하다		재미있다	
좋다		복잡하다		재미없다	재미없어요

2. 그림을 보고 보기 와 같이 문장을 완성해 보세요.
Look at the following pictures and complete the sentences as shown in the example.

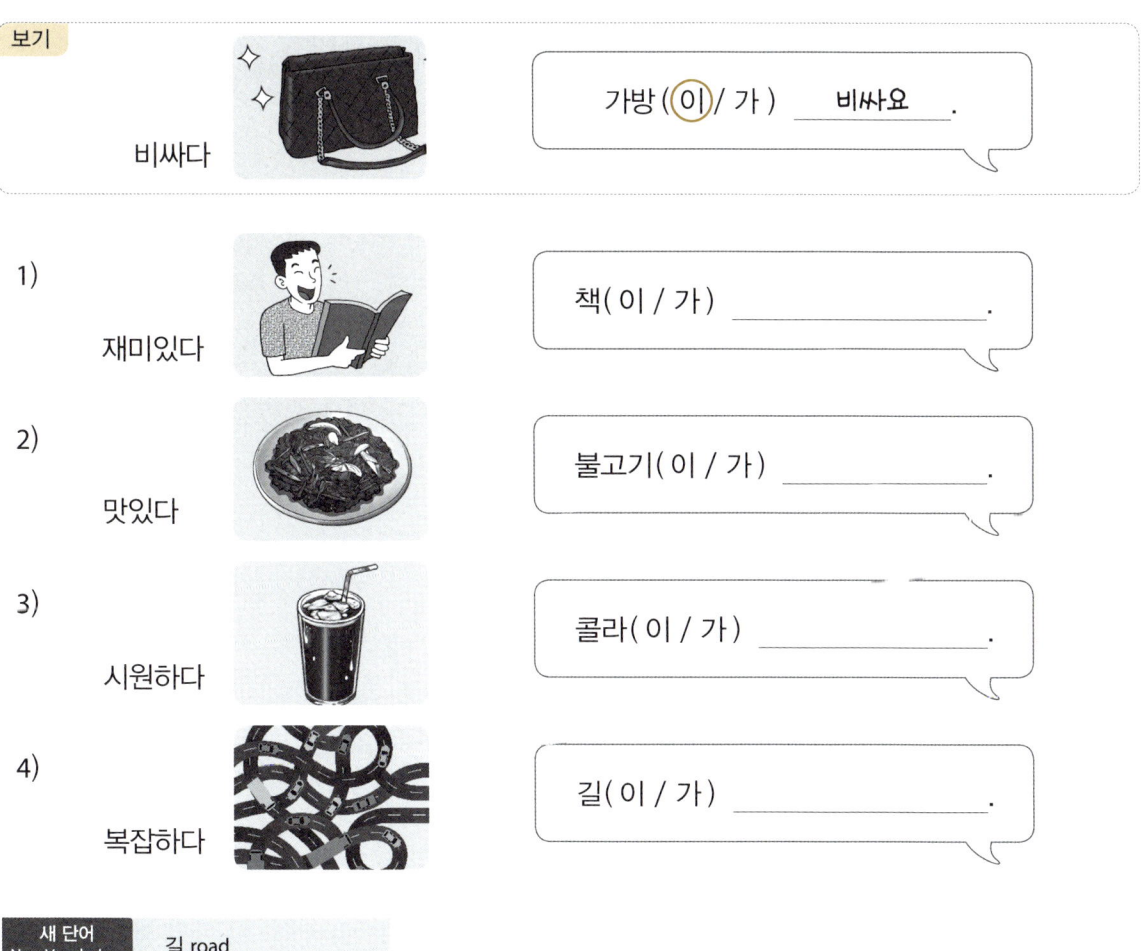

보기
비싸다 — 가방(**이**/ 가) __비싸요__.

1) 재미있다 — 책(이 / 가) _____.

2) 맛있다 — 불고기(이 / 가) _____.

3) 시원하다 — 콜라(이 / 가) _____.

4) 복잡하다 — 길(이 / 가) _____.

새 단어 New Vocabulary 길 road

핵심 표현 Key Expression ❷ | 안 A/V

1. 다음과 같이 쓰세요. Fill in the table with the correct negated form.

V				A	
가다	안 가요	공부하다		좋다	
보다		운동하다	운동 안 해요	싸다	
마시다		일하다		따뜻하다	안 따뜻해요
읽다		*좋아하다	안 좋아해요	복잡하다	

2. 그림을 보고 보기 와 같이 대화를 완성해 보세요.
Look at the following pictures and complete the conversations as shown in the example.

보기
유카 씨는 커피를 마셔요?
아니요, 커피를 __안 마셔요__.
__주스를 마셔요__.

1) 호세 씨는 신문을 읽어요?
아니요, 신문을 _____.
_____.

2) 투이 씨는 공부해요?
아니요, _____.
_____.

3) 기욤 씨는 일해요?
아니요, _____.
_____.

4) 케빈 씨는 영어를 배워요?
_____, _____.
_____.

7 쇼핑 Shopping

2과 얼마예요?
How much is it?

어휘 Vocabulary

1. 그림을 보고 보기 와 같이 쓰세요. Look at the following picture and write the names of the items.

보기: 달걀

1)
2)
3)
4)
5)

2. 보기 와 같이 알맞은 것을 찾아 연결하세요.
Connect the picture to the correct word as shown in the example.

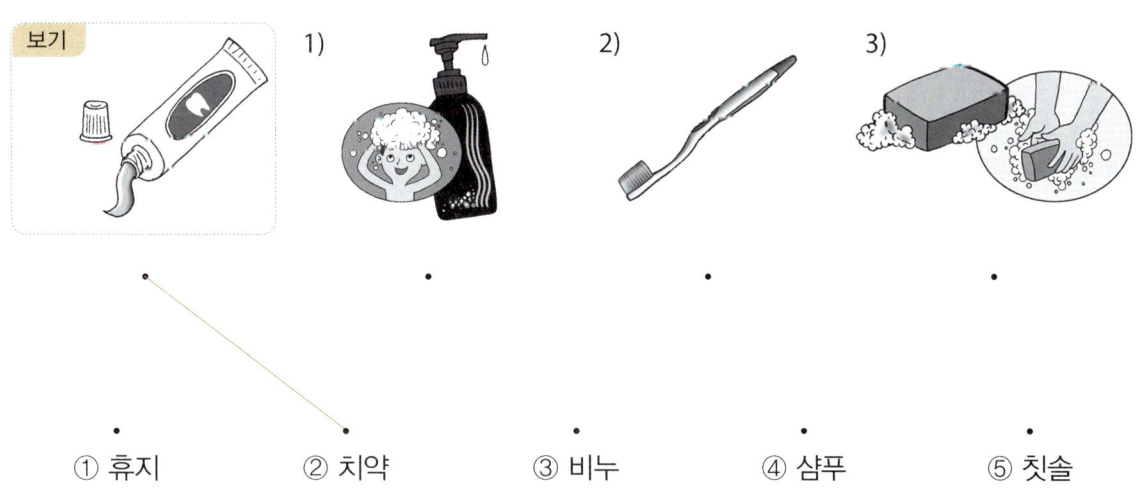

① 휴지　② 치약　③ 비누　④ 샴푸　⑤ 칫솔

핵심 표현 Key Expression ❶ | N도

1. 그림을 보고 보기 와 같이 문장을 완성해 보세요.
Look at the following pictures and complete the sentences as shown in the example.

보기
지우 씨는 한국 사람이에요.
민준 씨도 한국 사람이에요.

1) 팅팅 씨는 선생님이에요.
_____.

2) 에바 씨는 학교에 가요.
_____.

3) 유카 씨는 차를 마셔요.
_____.

2. 그림을 보고 보기 와 같이 문장을 완성해 보세요.
Look at the following pictures and complete the sentences as shown in the example.

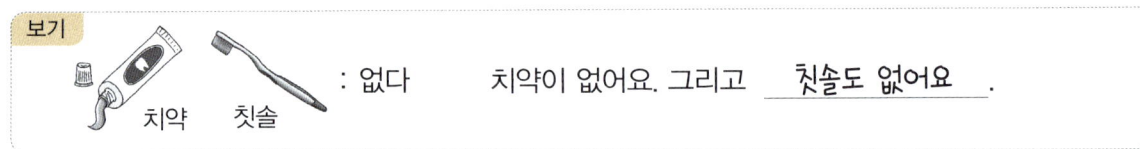

보기: 치약, 칫솔 : 없다
치약이 없어요. 그리고 <u>칫솔도 없어요</u>.

1) 강아지, 고양이 : 있다
강아지가 있어요. 그리고 _____.

2) 사과, 귤 : 맛있다
사과가 맛있어요. 그리고 _____.

3) 바지, 모자 : 비싸다
바지가 비싸요. 그리고 _____.

새 단어 New Vocabulary | 바지 pants

핵심 표현 Key Expression ❷ | 수 2 (일, 십, 백, 천, …)

1. 다음과 같이 쓰세요. Write the following numbers and prices in Korean.

10	100	1000	10000
십			
20	300	4000	50000
		사천	
60	700	8000	90000
			구만

15원	180원	1,300원	14,000원
십오 원			
48원	360원	7,400원	29,500원
		칠천사백 원	

2. 그림을 보고 보기 와 같이 대화를 완성해 보세요.
Look at the following pictures and complete the conversations as shown in the example.

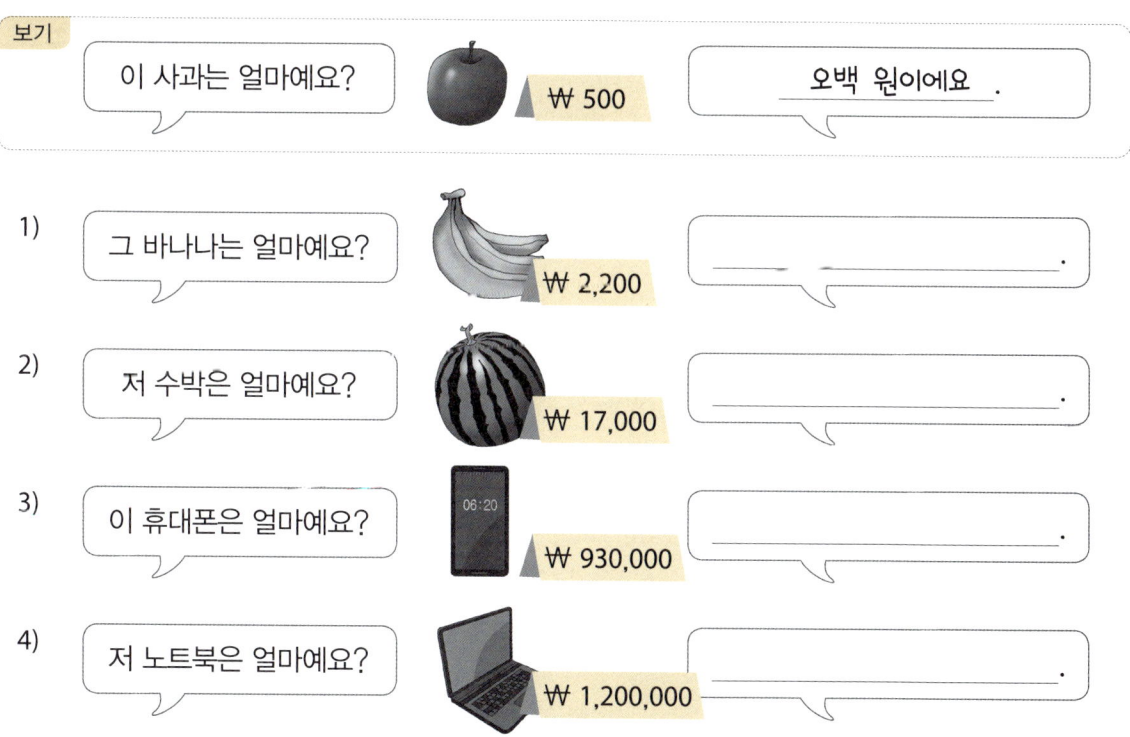

보기: 이 사과는 얼마예요? ₩ 500 — 오백 원이에요.

1) 그 바나나는 얼마예요? ₩ 2,200
2) 저 수박은 얼마예요? ₩ 17,000
3) 이 휴대폰은 얼마예요? ₩ 930,000
4) 저 노트북은 얼마예요? ₩ 1,200,000

종합 연습 Comprehensive Exercises

1. 단어를 순서에 맞게 배열하여 문장을 완성해 보세요.
Put the words in the correct order to form a sentence.

1) 삼만   이에요   원   모두   오천

→ _____ .

2) 오렌지   하나   얼마예요   에

→ _____ ?

3) 그   팔십   볼펜은   이에요   구백   원

→ _____ .

4) 는   안   읽어요   을   에바 씨   신문

→ _____ .

5) 빵   양양 씨는   먹어요   도   을   우유   마셔요

→ _____ . 그리고 _____ .

2. 메뉴를 보고 문장을 완성해 보세요. Look at the menu and complete the sentences.

메뉴	
냉면 (1그릇)	₩9,500
불고기 (1인분)	₩23,000
만두 (6개)	₩10,000
비빔밥 (1그릇)	₩11,000
사이다 (1병)	₩2,000

1) 냉면은 <u>한 그릇</u> 에 <u>구천오백 원이에요</u>.

2) 불고기는 _____ 에 _____.

3) 만두는 _____ 에 _____.

4) 비빔밥은 _____ 에 _____.

5) 사이다는 _____.

3. 그림에 맞는 단어를 쓰고 형용사를 고르세요. 그리고 문장을 만들어 보세요.
Look at the following pictures and write the correct word. Then make a sentence by using one of the adjectives along with the word.

1) _____ 이/가 <u>비싸요</u>.

2) _____ 이/가 _____.

3) _____ 이/가 _____.

4. 질문에 대해 부정문으로 대답하세요. Write a negative answer to the question.

1) A: 오렌지가 있어요?

   B: 아니요, _____.

2) A: 시장이 복잡해요?

   B: 아니요, _____.

3) A: 그 영화가 재미있어요?

   B: 아니요, _____.

4) A: 기욤 씨는 회사원이에요?

   B: 아니요, _____. 요리사예요.

5) A: 비누를 사요?

   B: 아니요, _____. 샴푸를 사요.

6) A: 공원에서 운동해요?

   B: 아니요, _____. 집에서 운동해요.

7) A: 쇼핑을 좋아해요?

   B: 아니요, _____.

5. 알맞은 것을 고르세요. Choose the correct answer.

1) 저는 에밀리 씨를 (좋아요 / 좋아해요).

2) 케빈 씨의 노트북이 아주 (좋아요 / 좋아해요).

3) 제 여자 친구는 비빔밥을 (좋아요 / 좋아해요).

4) 유카 씨, 딸기를 (좋아요 / 좋아해요)?

5) 저 가게가 (좋아요 / 좋아해요). 물건이 많아요. 그리고 안 비싸요.

6. 다음을 읽고 읽은 내용과 같으면 ○, 다르면 ×표 하세요.
If the sentence is the same as the answer from the questionnaire, then write ○. If not, then write ×.

이름: 로렌   직업: 기자

① 고기를 먹어요?   ☐ 네   ☑ 아니요
② 커피를 마셔요?   ☑ 네   ☐ 아니요
③ 일이 재미있어요?   ☑ 네   ☐ 아니요
④ 오늘 대사관에 가요? ☐ 네   ☑ 아니요
⑤ 한국 친구가 많아요? ☑ 네   ☐ 아니요

1) 로렌 씨는 의사예요.   (   )

2) 로렌 씨는 고기를 안 먹어요.   (   )

3) 로렌 씨의 일이 재미없어요.   (   )

4) 로렌 씨는 오늘 대사관에 가요.   (   )

5) 로렌 씨는 한국 친구가 있어요.   (   )

새 단어 / New Vocabulary 가게 store   물건 item, object

8. 시간과 날짜
Time and Date

1과 지금 몇 시예요?
What time is it now?

어휘 Vocabulary

1. 그림을 보고 보기 와 같이 대화를 완성해 보세요.
Look at the following pictures and complete the conversations as shown in the example.

보기
A: 지금 몇 시예요?
B: <u>한 시예요</u>.

1) A: 지금 몇 시예요?
B: _____.

2) A: 지금 몇 시예요?
B: _____.

3) A: 지금 몇 시예요?
B: _____.

4) A: 지금 몇 시예요?
B: _____.

5) A: 지금 몇 시예요?
B: _____.

6) A: 지금 몇 시예요?
B: _____.

7) A: 지금 몇 시예요?
B: _____.

2. 달력을 보고 보기 와 같이 대화를 완성해 보세요.
Look at the following calendars and complete the conversations as shown in the example.

보기

오늘이 무슨 요일이에요?

Mon	Tue	Wed	Thu	Fri	Sat	Sun
5	6	7 오늘	8	9	10	11

<u>수요일이에요</u>.

1) 오늘이 무슨 요일이에요?

Mon	Tue	Wed	Thu	Fri	Sat	Sun
5 오늘	6	7	8	9	10	11

_____.

2) 오늘이 무슨 요일이에요?

Mon	Tue	Wed	Thu	Fri	Sat	Sun
5	6	7	8 오늘	9	10	11

_____.

3) 오늘이 무슨 요일이에요?

Mon	Tue	Wed	Thu	Fri	Sat	Sun
5	6	7	8	9 오늘	10	11

_____.

핵심 표현 Key Expression ❶ | N에

1. 스케줄을 보고 보기 와 같이 대화를 완성해 보세요.
Look at the following schedule and complete the conversations as shown in the example.

Today's Schedule
8:30 AM 학교
2:00 PM 기욤
6:15 PM 저녁 식사
7:00 PM 중국어 수업
10:40 PM 집

보기
A: 몇 시에 학교에 가요?
B: 여덟 시 반에 학교에 가요.

1) A: 몇 시에 기욤 씨를 만나요?
   B: _____.

2) A: 몇 시에 밥을 먹어요?
   B: _____.

3) A: 몇 시에 중국어를 가르쳐요?
   B: _____.

4) A: 몇 시에 집에 가요?
   B: _____.

2. 달력을 보고 보기 와 같이 대화를 완성해 보세요.
Look at the following calendars and complete the conversations as shown in the example.

보기
A: 무슨 요일에 시장에 가요?
B: 화요일에 시장에 가요.

월	화	수	목	금	토	일
1	2 시장	3	4	5	6	7

1) A: 무슨 요일에 운동해요?
   B: _____.

월	화	수	목	금	토	일
1	2	3	4	5	6 운동	7

2) A: 무슨 요일에 병원에 가요?
   B: _____.

월	화	수	목	금	토	일
1	2	3 병원	4	5	6	7

3) A: 무슨 요일에 영화를 봐요?
   B: _____.

월	화	수	목	금	토	일
1	2	3	4	5	6	7 영화

4) A: 무슨 요일에 한국어를 배워요?
   B: _____.

월	화	수	목	금	토	일
1 한국어	2	3	4 한국어	5	6	7

새 단어 New Vocabulary 저녁 식사 dinner   수업 class

핵심 표현 Key Expression ❷ | V-고

1. **보기** 와 같이 쓰세요. Write the following words as shown in the example.

> **보기**
> 사다 → __사고__

1) 보다 → _____ 2) 자다 → _____

3) 먹다 → _____ 4) 읽다 → _____

5) 마시다 → _____ 6) 배우다 → _____

7) 일하다 → _____ 8) 공부하다 → _____

2. 그림을 보고 **보기** 와 같이 문장을 완성해 보세요.
Look at the following pictures and complete the sentences as shown in the example.

> **보기**
> 샤워하다 → 자다
> 케빈 씨는 __샤워하고 자요__.

1) 밥을 먹다 → 숙제하다
투이 씨는 _____.

2) 운동하다 → 물을 마시다
기욤 씨는 _____.

3) 영화를 보다 → 쇼핑하다
다쿠야 씨는 금요일에 _____.

4) 청소하다 → 쉬다
팅팅 씨는 주말에 _____.

8 시간과 날짜 Time and Date

2과 시험이 며칠이에요?
Which day is the test on?

어휘 Vocabulary

1. 그림을 보고 보기 와 같이 대화를 완성해 보세요.
Look at the following pictures and complete the conversations as shown in the example.

보기
3 March 12
A: 오늘이 며칠이에요?
B: 삼월 십이 일이에요.

1) 1 January 1
A: 오늘이 며칠이에요?
B: _____.

2) 10 October 26
A: 오늘이 며칠이에요?
B: _____.

3) 11 November 8
A: 오늘이 며칠이에요?
B: _____.

4) 6 June 14
A: 오늘이 며칠이에요?
B: _____.

2. 보기 와 같이 알맞은 것을 찾아 연결하세요. Connect the picture to the correct word as shown in the example.

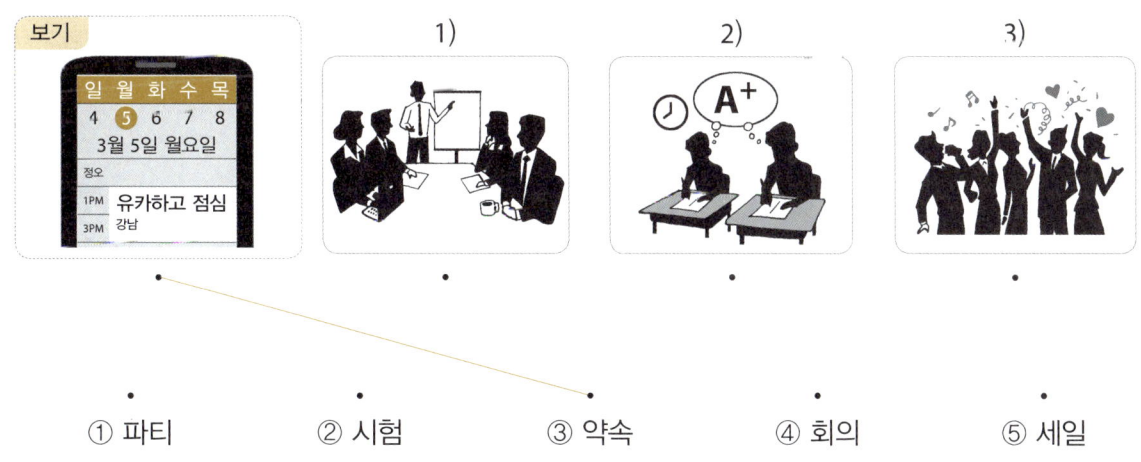

① 파티   ② 시험   ③ 약속   ④ 회의   ⑤ 세일

핵심 표현 Key Expression ❶ | N부터 N까지

1. 그림을 보고 보기 와 같이 문장을 완성해 보세요.
Look at the following pictures and complete the sentences as shown in the example.

보기

아홉 시 십 분부터 열한 시까지 영화를 봐요.

1)
_____ 점심을 먹어요.

2)
_____ 회의를 해요.

3)
_____ 일해요.

4)
_____ 시험을 봐요.

5)
_____ 세일이에요.

핵심 표현 Key Expression ❷ | A/V-았어요/었어요, ㄷ 불규칙

1. 다음과 같이 쓰세요. Fill in the table with the correct form of each word.

ㅏ, ㅗ + -았어요		ㅓ, ㅜ, ㅣ … + -었어요	
사다	샀어요	먹다	먹었어요
만나다		읽다	
보다		쉬다	
오다		가르치다	
하다 → 했어요		배우다	
운동하다	운동했어요	마시다	
공부하다		★ 듣다	들었어요
노래하다		★ 걷다	

2. 그림을 보고 알맞은 단어를 골라서 보기 와 같이 대화를 완성해 보세요.
Look at the following pictures and choose the correct word. Then, complete the conversations as shown in the example.

보다   쉬다   걷다   만나다   쇼핑하다

보기
팅팅 씨, 어제 뭐 했어요?
커피숍에서 친구를 <u>만났어요</u>.

1) 에밀리 씨, 어제 뭐 했어요?
극장에서 영화를 _____.

2) 양양 씨, 주말에 뭐 했어요?
집에서 _____.

3) 기욤 씨, 어제 뭐 했어요?
백화점에서 _____.

4) 로렌 씨, 주말에 뭐 했어요?
공원에서 _____.

종합 연습 Comprehensive Exercises

1. 다음 중에서 알맞은 것을 골라 빈칸에 쓰세요. Fill in the blanks with the correct word.

며칠   무슨   뭐   몇

1) 이름이 (   )이에요/예요?   2) 지금 (   ) 시예요?

3) (   ) 운동을 배워요?   4) 볼펜을 (   ) 개 샀어요?

5) 생일이 (   )이에요/예요?   6) (   ) 주스를 좋아해요?

2. 다음 단어들 중에서 관계있는 것을 골라 빈칸에 쓰세요.
Fill in the blanks with the words that are related to the words in the middle.

숙제   파티   오후   선물   어제   회의

새 단어 New Vocabulary   시간 time

3. 질문에 맞는 답을 찾아 연결하세요.
Connect the questions to the correct answers.

1) 지금 몇 시예요? • ① 8시 반에 가요.

2) 오늘이 며칠이에요? • ② 금요일까지 쉬어요.

3) 언제까지 쉬어요? • ③ 4월 16일이에요.

4) 언제 한국에 왔어요? • ④ 10월 8일에 왔어요.

5) 몇 시에 학교에 가요? • ⑤ 1시 5분이에요.

• ⑥ 화요일이에요.

4. 보기 와 같이 숫자를 한국어로 써 보세요.
Write the numbers in Korean as shown in the example.

> 보기
> 주스 3잔 주세요. → 주스 <u>세 잔</u> 주세요.

1) 학생이 10명 있어요. → 학생이 _____ 있어요.

2) 오늘은 6월 20일이에요. → 오늘은 _____이에요.

3) 지금은 5시 50분이에요. → 지금은 _____이에요.

4) 이 빵은 1개에 700원이에요. → 이 빵은 _____에 _____이에요.

5. 다음과 같이 쓰세요.
Fill in the table using the verb stem and corresponding verb ending.

	–아요/어요	–았어요/었어요	–(으)세요	–고
★ 듣다	들어요			
★ 걷다				걷고
받다	받아요		받으세요	

6. 다음 중 '에'가 필요한 곳에는 '에'를 쓰고, 필요 없으면 '×'를 쓰세요.
If the following sentences need an '에', then write '에'. If not, then write '×'.

1) 오늘(　　) 병원에 가요.

2) 아침(　　) 빵을 먹었어요.

3) 주말(　　) 친구를 만났어요.

4) 지금(　　) 한국어를 공부해요.

5) 매일(　　) 오전(　　) 방을 청소해요.

7. 그림을 보고 케빈 씨의 하루 일과를 써 보세요.
Look at the following pictures and write Kevin's daily routine.

1)
2)
3)
4)

5)
6)

1) 케빈 씨는 오늘 여섯 시에 일어났어요.

2) _____ 고 _____.

3) _____.

4) 그리고 _____.

　　커피를 마시고 세 시부터 네 시까지 회의를 했어요.

5) _____.

6) 그리고 _____.

9 날씨와 생활 Weather and Life

1과 오늘 날씨가 추워요
It's cold today

어휘 Vocabulary

1. 보기 와 같이 알맞은 것을 찾아 연결하세요.
Connect the picture to the correct word as shown in the example.

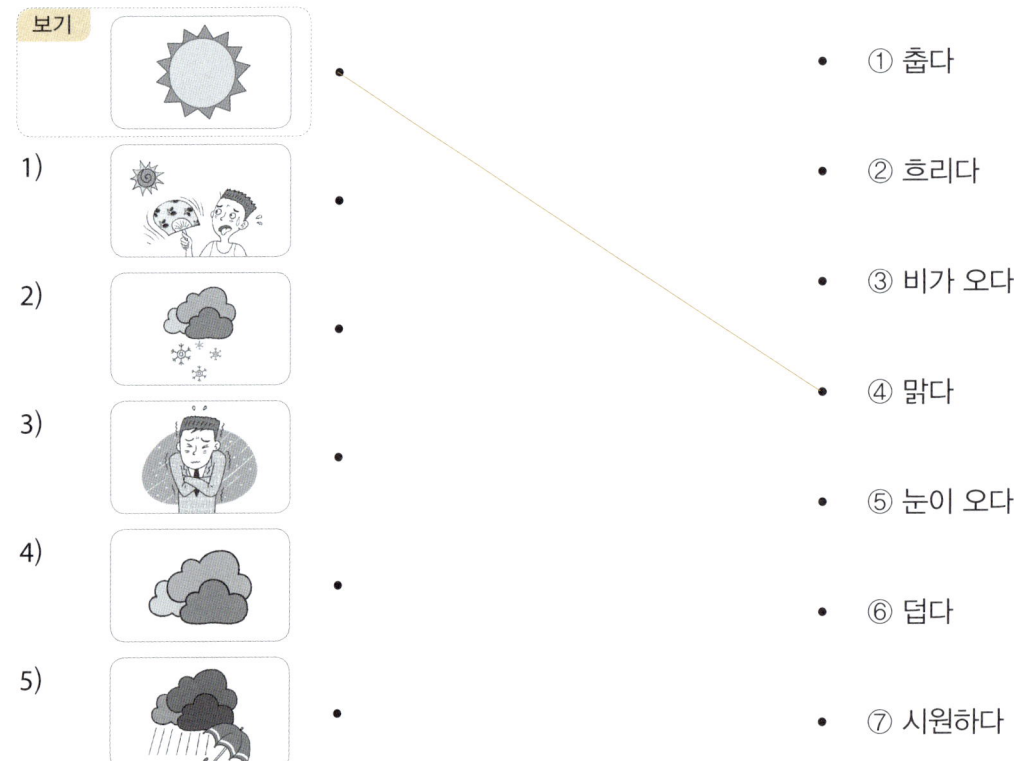

① 춥다
② 흐리다
③ 비가 오다
④ 맑다
⑤ 눈이 오다
⑥ 덥다
⑦ 시원하다

2. 그림을 보고 보기 와 같이 대화를 완성해 보세요.
Look at the following pictures and complete the conversations as shown in the example.

보기

A: 무슨 계절이에요?
B: __봄__ 이에요.

1)

A: 무슨 계절이에요?
B: _____이에요.

2)

A: 무슨 계절을 좋아해요?
B: _____을 좋아해요.

3)

A: 무슨 계절을 좋아해요?
B: _____을 좋아해요.

핵심 표현 Key Expression ❶ | ㅂ 불규칙

1. 다음과 같이 쓰세요. Fill in the table with the correct form of each word.

	-아요/어요	-았어요/었어요
어렵다	어려워요	
쉽다		
무겁다		
가볍다		
맵다		매웠어요
귀엽다		
좁다		좁았어요
입다	입어요	

2. 그림을 보고 알맞은 단어를 골라서 보기 와 같이 대화를 완성해 보세요.
Look at the following pictures and choose the correct word. Then, complete the conversations as shown in the example.

덥다   어렵다   춥다   무겁다   맵다   가볍다   쉽다

보기
A: 오늘 날씨가 어때요?
B: 더워요   .

1) A: 김치가 어때요?
   B: _____.

2) A: 가방이 가벼워요?
   B: 아니요, _____.

3) A: 어제 날씨가 어땠어요?
   B: _____.

4) A: 한국어 시험이 쉬웠어요?
   B: 아니요, _____.

새 단어 New Vocabulary   입다 to wear   좁다 to be narrow

핵심 표현 Key Expression ❷ | V-(으)ㄹ까요?

1. 그림을 보고 보기 와 같이 대화를 완성해 보세요.
Look at the following pictures and complete the conversations as shown in the example.

보기
A: 우리 같이 산에 <u>갈까요</u>?
B: 네, 좋아요.

1) A: 우리 같이 밥을 _____?
   B: 네, 좋아요.

2) A: 같이 도서관에서 책을 _____?
   B: 네, 좋아요.

3) A: 같이 극장에서 영화를 _____?
   B: 네, 좋아요.

2. 그림을 보고 보기 와 같이 대화를 완성해 보세요.
Look at the picture and complete the conversation as shown in the example.

보기
우리 어디에 <u>갈까요</u>?   공원   <u>공원에</u> 가요.

1) 우리 언제 _____?   세 시   _____ 만나요.

2) 어디에서 밥을 _____?   학생 식당   _____ 먹어요.

3) 무슨 노래를 _____?   K-POP   _____ 들어요.

새 단어 New Vocabulary: 산 mountain 학생 식당 student restaurant

9. 날씨와 생활 Weather and Life

2과 어디에 있어요?
Where is it?

어휘 Vocabulary

1. 보기 와 같이 그림에 맞는 단어를 찾아서 쓰세요.
Write the word that matches the picture as shown in the example.

위
아래
밑
앞
뒤
안
옆

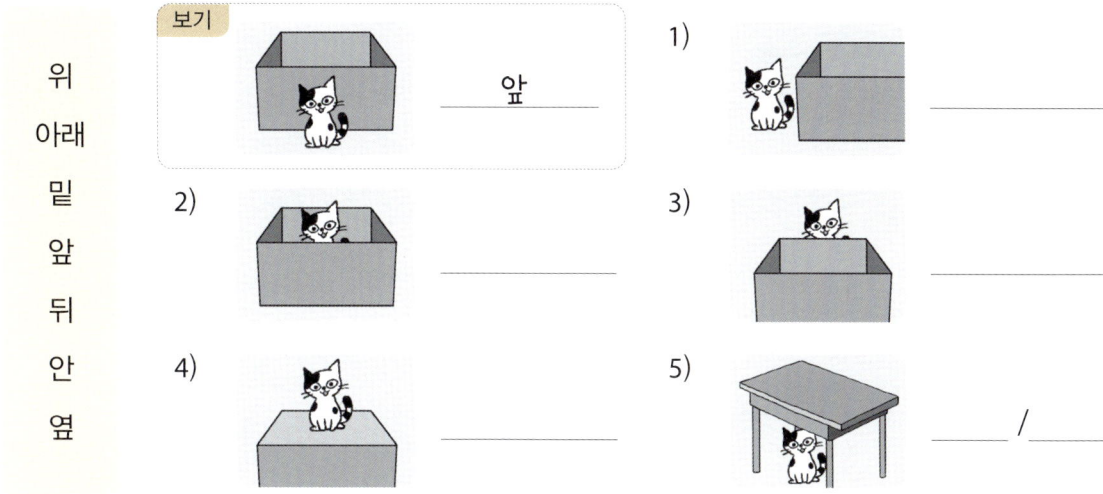

2. 보기 와 같이 빈칸에 물건들의 이름을 쓰세요.
Write the names of the items in the blanks as shown in the example.

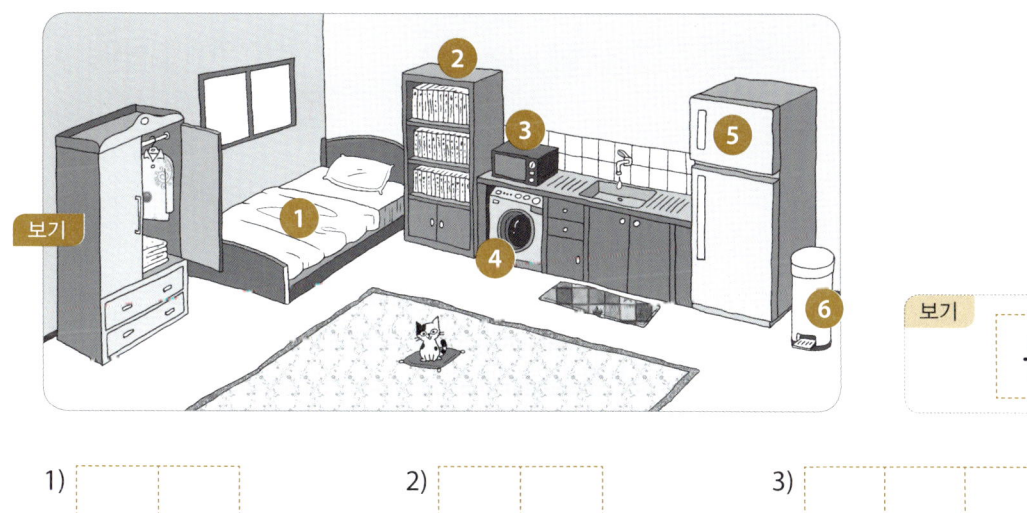

보기: 옷장

핵심 표현 Key Expression ❶ | N에 있다/없다

1. 그림을 보고 보기 와 같이 대화를 완성해 보세요.
Look at the following pictures and complete the conversations as shown in the example.

보기
A: 집에 텔레비전이 있어요?
B: 아니요, 집에 텔레비전이 없어요.

1) A: 집에 에어컨이 있어요?
   B: 네, _____.

2) A: 방에 냉장고가 있어요?
   B: 네, _____.

3) A: 냉장고에 우유가 있어요?
   B: 아니요, _____.

2. 그림을 보고 보기 와 같이 대화를 완성해 보세요.
Look at the following pictures and complete the conversations as shown in the example.

보기
책이 어디에 있어요? → 책상 위에 있어요.

지갑이 어디에 있어요? → 1) _____.

팅팅 씨가 어디에 있어요? → 2) _____.

3) 서점이 _____? → 4) _____.

5) _____? → 6) _____.

핵심 표현 Key Expression ❷ | N(으)로

1. 다음과 같이 쓰세요. Fill in the table using N(으)로.

보기	앞	앞으로	뒤	뒤로
	옆		위	
	밖		아래	
	집		회사	
	2층		서울	
	도서관		독일	

2. 그림을 보고 보기 와 같이 문장을 완성해 보세요.
Look at the following pictures and complete the sentences as shown in the example.

보기) 오른쪽으로 가세요.

1) _____ 가세요. (뒤)

2) 조금 _____ 가세요. (옆)

3) _____ 오세요. 저는 5층에 있어요.

4) _____ 이사해요. (학교 근처)

5) 이 비행기는 _____ 가요. (독일)

새 단어 New Vocabulary: 층 floor　이사하다 to move (house)　비행기 airplane

종합 연습 Comprehensive Exercises

1. **알맞은 것을 고르세요.** Choose the correct answer.

1) 저는 케빈 (이에요 / 있어요).

2) 은행은 일 층에 (이에요 / 있어요).

3) 저기가 도서관 (이에요 / 있어요).

4) 중국 대사관은 명동에 (이에요 / 있어요).

5) 교실에 컴퓨터하고 책상이 (이에요 / 있어요).

6) 이 근처에 공원이 (이에요 / 있어요)?

2. **다음 중 알맞은 것을 골라 빈칸에 쓰세요.**
Choose the correct word and write it in the blank.

| 에서 | (으)로 | 에 |

1) 이쪽_____ 쭉 가세요.

2) 도서관_____ 책이 많아요.

3) 일요일_____ 집_____ 쉬었어요.

4) 학생 식당_____ 점심을 먹을까요?

5) 한 시_____ 학교 앞_____ 만날까요?

6) 지하철역이 왼쪽_____ 있어요. 왼쪽_____ 가세요.

3. 보기 와 같이 관계없는 것을 고르세요.
Choose the word that is not related to the other words as shown in the example.

보기: 딸기   포도   수박   (모자)

1) 봄   가을   우산   여름
2) 침대   학교   책상   옷장
3) 우유   컴퓨터   에어컨   냉장고
4) 덥다   춥다   복잡하다   따뜻하다

4. 대답에 대한 적절한 질문을 찾아 써 보세요. Look for the appropriate question to the answer and write it.

숙제가 어때요?   지금 비가 와요?   몇 시에 만날까요?
주말에 산에 갈까요?   어제 날씨가 어땠어요?

1) A: _____?
   B: 네, 좋아요. 같이 가요.

2) A: _____?
   B: 비가 왔어요.

3) A: _____?
   B: 7시에 만나요.

4) A: _____?
   B: 아니요, 맑아요.

5) A: _____?
   B: 좀 어려워요.

5. 그림을 보고 다음 중 알맞은 것을 골라 빈칸에 쓰세요.
Look at the following picture and choose the correct word. Then, write it in the blank.

위   아래/밑   앞   뒤   안   밖   옆

1) 케빈 씨는 유카 씨 _____ 에 있어요.

2) 투이 씨는 양양 씨 _____ 에 있어요. 케이크를 먹어요.

3) 에바 씨는 책장 _____ 에 있어요.

4) 에어컨은 책장 _____ 에 있어요.

5) 고양이는 테이블 _____ 에 있어요.

새 단어
New Vocabulary

테이블 table

6. 알맞은 단어를 찾아서 대화를 완성해 보세요.
Look for the correct word to complete the conversations and write it.

맵다   춥다   만나다   산책하다   하다

A: 로렌 씨, 주말에 한강에서 <u>산책할까요</u>?
　　　　　　　　　　　　　　　－(으)ㄹ까요

B: 음… 요즘 날씨가 너무 1) _____.
　　　　　　　　　　　　　　　　－아요/어요

A: 그럼 우리 백화점에 갈까요?

B: 좋아요. 토요일에 갈까요?

A: 네, 토요일에 가요. 우리 쇼핑을 2) _____ 저녁도 먹을까요?
　　　　　　　　　　　　　　　　　　　－고

B: 네, 좋아요. 떡볶이를 먹을까요?

A: 떡볶이는 너무 3) _____. 김밥을 먹어요.
　　　　　　　　　　　－아요/어요

B: 좋아요. 그럼 토요일 몇 시에 4) _____?
　　　　　　　　　　　　　　　　　－(으)ㄹ까요

A: 세 시 반에 백화점 1층에서 만나요.

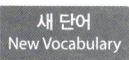　한강 Han River　　산책하다 to take a walk

모범 답안 Answer Key

1단원 | 한글 I Hangeul I

2과 한글 배우기 (2) Learning Hangeul (2)

모음 글자 2

연습 1 p. 13

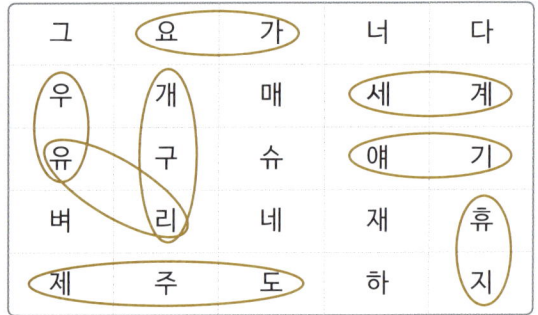

자음 글자 2

연습 2 p. 15

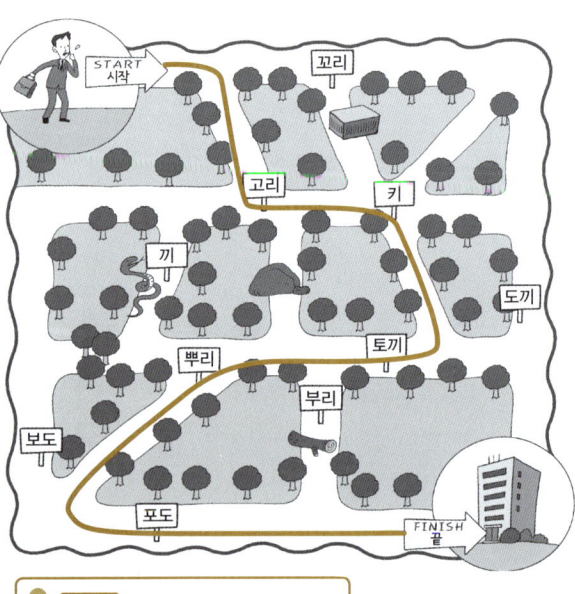

선생님: 고리-키-토끼-뿌리-포도

2단원 | 한글 II Hangeul II

1과 한글 배우기 (3) Learning Hangeul (3)

모음 글자 3

연습 1 p. 17

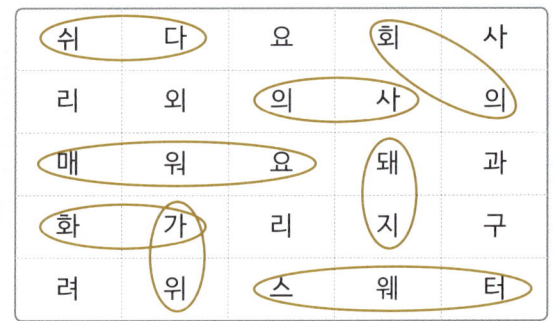

받침

연습 2 p. 19

1)

숲	밥
곰 ✓	옆

2)

낮	집 ✓
밑	옷

3)

낚시	지갑 ✓
저녁	부엌

2과 교실 한국어와 인사 Classroom Korean and Greetings

교실 한국어

연습 1 p. 21

1	2	3	4	5
일	이	삼	사	오
6	7	8	9	10
육	칠	팔	구	십

94

연습 2

1) 일 일 이
2) 공 이 칠 오 육 칠 삼 공 공
3) 공 이 팔 팔 공 오 사 팔 팔

인사 p. 23

연습 1 1) ③ 반가워요   2) ⑤ 안녕히 계세요
　　　　 3) ④ 안녕히 가세요 4) ④ 안녕히 가세요
　　　　 5) ① 고마워요

3단원 | 소개 Introductions

1과 저는 미국 사람이에요 I'm American

어휘 p. 24

1. 1) 중국 2) 한국 3) 미국 4) 호주
2. 1) ① 2) ② 3) ⑤ 4) ④

핵심 표현 1 p. 25

1. 1) 이에요 2) 이에요 3) 예요
2. 1) 팅팅이에요, 중국 사람이에요
   2) 다쿠야예요, 일본 사람이에요
   3) 안나예요, 러시아 사람이에요
   4) 기욤이에요, 프랑스 사람이에요

핵심 표현 2 p. 26

1. 1) 이에요 2) 예요
2. 1) 어느 나라 사람이에요? — 저는 영국 사람이에요.
      영국 사람이에요?
   2) 어느 나라 사람이에요? — 네, 저는 베트남 사람이에요.
      베트남 사람이에요?
   3) 어느 나라 사람이에요? — 네, 저는 브라질 사람이에요.
      브라질 사람이에요?

3. 1) ↗ 2) ↘ 3) ↘ 4) ↗

2과 팅팅 씨는 학생이에요?
Tingting, are you a student?

어휘 p. 27

1. 1) 네 2) 아니요
2. 1) ④ 2) ① 3) ③ 4) ⑤

핵심 표현 1 p. 28

1. 1) 의사는 2) 선생님은 3) 여기는 4) 이쪽은
2. 1) 는, 군인이에요
   2) 은, 요리사예요
   3) 라샨은 연구원이에요
   4) 올리버는 변호사예요
   5) 팅팅은 선생님이에요

핵심 표현 2 p. 29

1. 1) 가 2) 이 3) 가 4) 이
2. 1) 영국 사람이 아니에요
   2) 가수가 아니에요
   3) 아니요, 의사가 아니에요
   4) 아니요, 경찰이 아니에요

종합 연습 p. 30

1. 2) 선생님 3) 한국 4) 영국, 기자
   5) 프랑스 사람, 요리사 6) 일본 사람, 회사원
2. 1) 는, 예요 2) 은, 이에요 3) 은, 예요
   4) 는, 예요 5) 는, 이에요 6) 은, 이에요
3. 1) 이쪽은 올리버 씨예요
   2) 저는 한국 사람이에요
   3) 투이 씨는 선생님이 아니에요
   4) 로렌은 기자예요
   5) 에바는 어느 나라 사람이에요
4. 2) 베트남어 3) 일본어 4) 프랑스이 5) 영어
5. 1) 이쪽은/여기는
   2) 미국 사람이에요
   3) 저는 학생이 아니에요
6. 1) 학생이에요
   2) ① ○ ② ○ ③ ✕

4단원 | 물건 Items and Objects

1과 이거는 뭐예요? What is this?

어휘 p. 34

1. 1) ⑤ 2) ⑥ 3) ④ 4) ①
2. 1) 휴대폰 2) 노트북 3) 연필 4) 지우개 5) 필통

핵심 표현 1 p. 35

1. 1) 그거 2) 이거 3) 저거
2. 1) 이거는 연필이에요
   2) 이거는 모자예요
   3) 네, 저거는 지도예요
   4) 아니요, 그거는 의자예요

핵심 표현 2 p. 36

1. 1) 의 2) 올리버 씨의 컴퓨터, 예요
   3) 로렌 씨의 필통, 이에요
2. 1) 제 시계예요   2) 팅팅 씨의 노트북이에요
   3) 제 볼펜이에요 4) 투이 씨의 공책이에요

2과 휴지가 있어요? Do you have any tissues?

어휘 p. 37

1. 1) 열쇠 2) 안경 3) 돈 4) 사전 5) 사진 6) 명함
2.
   보기 안경
   1) 지갑
   2) 물
   3) 카드
   4) 카메라
   5) 우산

핵심 표현 1 p. 38

1. 1) 그 2) 저 3) 이 4) 그 5) 저
2. 1) 이 2) 그 3) 저 4) 저, 사람, 은
   5) 그, 안경, 은, 안경, 이에요
   6) 이, 안경, 은, 안경, 이에요

핵심 표현 2 p. 39

1. 1) 가 2) 가 3) 이 4) 가 5) 이
2. 1) 없어요 2) 있어요 3) 물이 있어요 4) 없어요
   5) 휴지가 있어요 6) 있어요

종합 연습 p. 40

1.
	①공	ⓐ책		②ⓑ지	도	
		상		우		③ⓒ휴	지
				개		대	
	④ⓓ사	전				폰	
진			⑤ⓔ카	드			
			메			⑥ⓕ의	
			라			모	자

2. 1) ① 저거 ② 저 우산 2) ① 그거 ② 그 가방
   3) 저 사람 4) 이 사람
3. 1) 그 사람은 케빈 씨예요
   2) 저거는 제 볼펜이 아니에요
   3) 이거는 유카 씨의 지갑이에요
   4) 저는 컴퓨터가 없어요
   5) 양양 씨는 사전이 있어요
4. 1) ☑ 네, 지갑이에요.
   2) ☑ 아니요, 없어요.
   3) ☑ 제 친구예요.
   4) ☑ 창문이에요.
   5) ☑ 네, 투이 씨 책이에요.
5. 1) × 2) × 3) ○ 4) × 5) ○

5단원 | 음식과 주문 Food and Ordering

1과 오렌지 주스 주세요 Please give me some orange juice

어휘 p. 44

1. 1) 케이크 2) 홍차 3) 빵 4) 주스 5) 커피
   6) 샌드위치
2. 1) ④ 2) ⑤ 3) ① 4) ③

핵심 표현 1 p. 45

1. 1) 토마토 주스 주세요
   2) 오렌지 주스 주세요
   3) 샐러드 주세요
   4) 쿠키 주세요

2. 1) 앉으세요
   2) 주세요
   3) 커피 주세요
   4) 기다리세요

핵심 표현 2 p. 46

1.

1	2	3	4	5
일	이	삼	사	오
6	7	8	9	10
육	칠	팔	구	십

하나	둘	셋	넷	다섯
여섯	일곱	여덟	아홉	열

2. 1) 홍차 넷
   2) 쿠키 둘
   3) 유자차 하나
   4) 샌드위치 셋

2과 비빔밥하고 콜라 한 병 주세요
Please give me bibimbap and a bottle of cola

어휘 p. 47

1. 1) 불고기 2) 냉면 3) 김밥 4) 햄버거 5) 피자
   6) 스파게티 7) 떡볶이
2. 1) 콜라 2) 맥주 3) 라면 4) 김밥

핵심 표현 1 p. 48

1. 1) ② 2) ① 3) ③ 4) ② 5) ① 6) ④ 7) ③
2. 1) 세 병 2) 한 개 3) 일곱 개 4) 두 병
   5) 다섯 그릇 6) 네 잔

핵심 표현 2 p. 49

1. 1) 공책하고 볼펜 2) 커피하고 빵
   3) 의사하고 간호사 4) 치킨하고 맥주
2. 1) 커피 두 잔하고 빵 세 개
   2) 비빔밥 한 그릇하고 냉면 한 그릇
   3) 홍차 여섯 잔하고 쿠키 세 개
   4) 샌드위치 두 개하고 사이다 두 병

종합 연습 p. 50

1. 1) 네 잔 2) 한 그릇 3) 여섯 개 4) 한 마리, 두 병
   5) 삼 인분, 세 병
2. 1) ☑ 불고기 일 인분 주세요.
   2) ☑ 네, 한 개 있어요.
   3) ☑ 아니요. 없어요.
   4) ☑ 네, 잠깐만 기다리세요.
3. 1) 팅팅 씨하고 케빈 씨, 는
   2) 다쿠야 씨하고 유카 씨, 는
   3) 비빔밥하고 김치, 는
4. 1) 사과 하나 주세요
   2) 물 좀 더 주세요
   3) 비빔밥 한 그릇 주세요
   4) 김밥하고 떡볶이 주세요
   5) 샌드위치 한 개하고 포도 주스 두 잔 주세요
5. 1) 메뉴 좀 주세요
   2) 여기요
   3) 잠깐만 기다리세요
   4) 더 주세요

6단원 | 일상생활 Daily Life

1과 지금 뭐 해요? What are you doing?

어휘 p. 54

1. 1) 보다 2) 읽다 3) 먹다 4) 운동하다 5) 전화하다
   6) 만나다
2. 1) ① 2) ④ 3) ③

핵심 표현 1 p. 55

1.

ㅏ, ㅗ + -아요		하다 → -해요		ㅓ, ㅜ, ㅣ … + -어요	
자다	자요	좋아하다	좋아해요	먹다	먹어요
만나다	만나요	일하다	일해요	읽다	읽어요
사다	사요	쇼핑하다	쇼핑해요	쉬다	쉬어요
보다	봐요	운동하다	운동해요	배우다	배워요
앉다	앉아요	전화하다	전화해요	마시다	마셔요

2. 1) 일해요 2) 이야기해요 3) 쇼핑해요 4) 쉬어요

핵심 표현 2   p. 56

1. 1) 을   2) 를   3) 을   4) 를
2. 1) 한국어를 공부해요
   2) 책을 읽어요
   3) 친구를 만나요
   4) 수영을 배워요

2과 어디에 가요? Where do you go?

어휘   p. 57

1. 1) ⑥   2) ④   3) ①   4) ③
2. 1) 식당 | ③, ④, …
   2) 학교 | ①, ⑧, …
   3) 집 | ②, ⑨, …
   4) 공원 | ⑥, ⑦, …
   5) 커피숍 | ⑤, ⑩, …

핵심 표현 1   p. 58

1. 1) 병원에 가요
   2) 공항에 가요
   3) 화장실에 가요
   4) 회사에 가요
   5) 은행에 가요
2. 1) 가요   2) 가요   3) 와요

핵심 표현 2   p. 59

1. 보기) 학교 — 중국어를 가르치다
   1) 공원 — 운동하다
   2) 서점 — 사전을 사다
   3) 극장 — 영화를 보다

   1) 공원에서 운동해요
   2) 서점에서 사전을 사요
   3) 극장에서 영화를 봐요

2. 1) 회사에서 일해요
   2) 은행에서 돈을 찾아요
   3) 백화점에서 쇼핑해요
   4) 밥을 먹어요, 식당에서 밥을 먹어요

종합 연습   p. 60

1.

	①ⓐ				③ⓑ	
	공	부	하	다	회	사
②						다
병	원					
			ⓒ			
			마			
			④			ⓔ
			시	장		대
⑤	ⓓ					
전	화	하	다			사
	장			⑥	①	
	실			도	서	관
					점	

2. 1) 에서   2) 에   3) 에서   4) 에   5) 에서, 에
3. 1) 영화를 좋아해요
   2) 유자차를 마셔요
   3) 팅팅 씨를 만나요
   4) 여자 친구를 좋아해요
4. 1) 여기는 어디예요
   2) 지금 뭐 해요
   3) 집에 가요
   4) 어디에서 한국어를 배워요
5. 1) 일본 사람이에요
   2) 회사에 가요
   3) 여자 친구를 만나요
   4) 영화를 봐요
   5) 커피숍에서 커피를 마셔요
   6) 집에 가요

7단원 | 쇼핑 Shopping

1과 뭐가 맛있어요? What tastes delicious?

어휘   p. 64

1. 1) ③   2) ④   3) ①
2. 1) 맛있다   2) 재미없다   3) 비싸다

핵심 표현 1　　　　　　　　　　　p. 65

1.

ㅏ, ㅗ + -아요		하다 → -해요		ㅓ, ㅜ, ㅣ … + -어요	
싸다	싸요	따뜻하다	따뜻해요	맛있다	맛있어요
비싸다	비싸요	시원하다	시원해요	맛없다	맛없어요
많다	많아요	친절하다	친절해요	재미있다	재미있어요
좋다	좋아요	복잡하다	복잡해요	재미없다	재미없어요

2. 1) 이, 재미있어요　　2) 가, 맛있어요
   3) 가, 시원해요　　　4) 이, 복잡해요

핵심 표현 2　　　　　　　　　　　p. 66

1.

V			A	
가다	안 가요	공부하다	공부 안 해요	좋다	안 좋아요
보다	안 봐요	운동하다	운동 안 해요	싸다	안 싸요
마시다	안 마셔요	일하다	일 안 해요	따뜻하다	안 따뜻해요
읽다	안 읽어요	*좋아하다	안 좋아해요	복잡하다	안 복잡해요

2. 1) 안 읽어요, 책을 읽어요
   2) 공부 안 해요, 자요
   3) 일 안 해요, 텔레비전을 봐요
   4) 아니요, 영어를 안 배워요, 한국어를 배워요

2과 얼마예요? How much is it?

어휘　　　　　　　　　　　　　　p. 67

1. 1) 오이　2) 바나나　3) 감자　4) 수박　5) 귤
2. 1) ④　2) ⑤　3) ③

핵심 표현 1　　　　　　　　　　　p. 68

1. 1) 케빈 씨도 선생님이에요
   2) 투이 씨도 학교에 가요
   3) 에밀리 씨도 차를 마셔요
2. 1) 고양이도 있어요
   2) 귤도 맛있어요
   3) 모자도 비싸요

핵심 표현 2　　　　　　　　　　　p. 69

1.

10	100	1000	10000
십	백	천	만
20	300	4000	50000
이십	삼백	사천	오만
60	700	8000	90000
육십	칠백	팔천	구만

15원	180원	1,300원	14,000원
십오 원	백팔십 원	천삼백 원	만 사천 원
48원	360원	7,400원	29,500원
사십팔 원	삼백육십 원	칠천사백 원	이만 구천오백 원

2. 1) 이천이백 원이에요　　2) 만 칠천 원이에요
   3) 구십삼만 원이에요　　4) 백이십만 원이에요

종합 연습　　　　　　　　　　　p. 70

1. 1) 모두 삼만 오천 원이에요
   2) 오렌지 하나에 얼마예요
   3) 그 볼펜은 구백팔십 원이에요
   4) 에바 씨는 신문을 안 읽어요
   5) 양양 씨는 빵을 먹어요. 우유도 마셔요

2. 2) 일 인분, 이만 삼천 원이에요
   3) 여섯 개, 만 원이에요
   4) 한 그릇, 만 천 원이에요
   5) 한 병에 이천 원이에요

3. 1) 　차　비싸다 / 맛없다
   2) 　돈　많다 / 싸다
   3) 　경찰　시원하다 / 친절하다

   1) 차　이 /⟨가⟩　비싸요.
   2) 돈　⟨이⟩/ 가　많아요.
   3) 경찰　⟨이⟩/ 가　친절해요.

99

4. 1) 오렌지가 없어요
   2) 시장이 안 복잡해요
   3) 그 영화가 재미없어요
   4) 기욤 씨는 회사원이 아니에요
   5) 비누를 안 사요
   6) 공원에서 운동 안 해요
   7) 쇼핑을 안 좋아해요

5. 1) 좋아해요 2) 좋아요 3) 좋아해요
   4) 좋아해요 5) 좋아요

6. 1) × 2) ○ 3) × 4) × 5) ○

8단원 | 시간과 날짜 Time and Date

1과 지금 몇 시예요? What time is it now?

어휘　　　　　　　　　　　　　　　　p. 74

1. 1) 세 시 이십 분이에요
   2) 열 시 십 분이에요
   3) 일곱 시 삼십 분이에요/일곱 시 반이에요
   4) 열두 시 십오 분이에요
   5) 다섯 시 이십 분이에요
   6) 아홉 시 오십 분이에요
   7) 여덟 시 사십오 분이에요

2. 1) 월요일이에요 2) 목요일이에요 3) 금요일이에요

핵심 표현 1　　　　　　　　　　　　　p. 75

1. 1) 두 시에 기욤 씨를 만나요
   2) 여섯 시 십오 분에 밥을 먹어요
   3) 일곱 시에 중국어를 가르쳐요
   4) 열 시 사십 분에 집에 가요

2. 1) 토요일에 운동해요
   2) 수요일에 병원에 가요
   3) 일요일에 영화를 봐요
   4) 월요일하고 목요일에 한국어를 배워요

핵심 표현 2　　　　　　　　　　　　　p. 76

1. 1) 보고 2) 자고 3) 먹고 4) 읽고
   5) 마시고 6) 배우고 7) 일하고 8) 공부하고

2. 1) 밥을 먹고 숙제해요
   2) 운동하고 물을 마셔요
   3) 영화를 보고 쇼핑해요
   4) 청소하고 쉬어요

2과 시험이 며칠이에요? Which day is the test on?

어휘　　　　　　　　　　　　　　　　p. 77

1. 1) 일월 일 일이에요
   2) 시월 이십육 일이에요
   3) 십일월 팔 일이에요
   4) 유월 십사 일이에요

2. 1) ④ 2) ② 3) ①

핵심 표현 1　　　　　　　　　　　　　p. 78

1. 1) 열두 시 삼십 분부터 한 시 삼십 분까지
   2) 세 시부터 네 시 이십 분까지
   3) 월요일부터 금요일까지
   4) 유월 십칠 일부터 유월 이십 일까지
   5) 구월 이십육 일부터 구월 삼십 일까지

핵심 표현 2

1.　　　　　　　　　　　　　　　　　　p. 79

ㅏ, ㅗ + -았어요		ㅓ, ㅜ, ㅣ … + -었어요	
사다	샀어요	먹다	먹었어요
만나다	만났어요	읽다	읽었어요
보다	봤어요	쉬다	쉬었어요
오다	왔어요	가르치다	가르쳤어요
하다 → 했어요		배우다	배웠어요
운동하다	운동했어요	마시다	마셨어요
공부하다	공부했어요	★ 듣다	들었어요
노래하다	노래했어요	★ 걷다	걸었어요

2. 1) 봤어요 2) 쉬었어요 3) 쇼핑했어요 4) 걸었어요

종합 연습　　　　　　　　　　　　　　p. 80

1. 1) 뭐, 예요 2) 몇 3) 무슨 4) 몇
   5) 며칠, 이에요 6) 무슨

2.

3. 1) ⑤ 2) ③ 3) ② 4) ④ 5) ①

4. 1) 열 명 2) 유월 이십 일 3) 다섯 시 오십 분
4) 한 개, 칠백 원

5.

	–아요/어요	–았어요/었어요	–(으)세요	–고
듣다	들어요	들었어요	들으세요	듣고
걷다	걸어요	걸었어요	걸으세요	걷고
받다	받아요	받았어요	받으세요	받고

6. 1) × 2) 에 3) 에 4) × 5) ×, 에

7. 2) 여섯 시 십오 분에 샤워하고 아침을 먹었어요
3) 여덟 시 이십 분에 학교에 갔어요
4) 아홉 시부터 한 시까지 영어를 가르쳤어요
5) 일곱 시 반에 저녁을 먹고 음악을 들었어요
6) 열한 시에 잤어요

9단원 | 날씨와 생활 Weather and Life

1과 오늘 날씨가 추워요 It's cold today

어휘 p. 84

1. 1) ⑥ 2) ⑤ 3) ① 4) ② 5) ③

2. 1) 여름 2) 가을 3) 겨울

핵심 표현 1 p. 85

1.

	–아요/어요	–았어요/었어요
어렵다	어려워요	어려웠어요
쉽다	쉬워요	쉬웠어요
무겁다	무거워요	무거웠어요
가볍다	가벼워요	가벼웠어요
맵다	매워요	매웠어요
귀엽다	귀여워요	귀여웠어요
좁다	좁아요	좁았어요
입다	입어요	입었어요

2. 1) 매워요 2) 무거워요 3) 추웠어요 4) 어려웠어요

핵심 표현 2 p. 86

1. 1) 먹을까요 2) 읽을까요 3) 볼까요

2. 1) 만날까요, 세 시에
2) 먹을까요, 학생 식당에서
3) 들을까요, K-POP을

2과 어디에 있어요? Where is it?

어휘 p. 87

1. 1) 옆 2) 안 3) 뒤 4) 위 5) 아래/밑

2. 1) 침대 2) 책장 3) 전자레인지 4) 세탁기
5) 냉장고 6) 쓰레기통

핵심 표현 1 p. 88

1. 1) 집에 에어컨이 있어요
2) 방에 냉장고가 있어요
3) 냉장고에 우유가 없어요

2. 1) 의자 아래에 있어요/의자 밑에 있어요
2) 차 안에 있어요
3) 어디에 있어요
4) 학교 뒤에 있어요
5) 약국이 어디에 있어요
6) 병원 옆에 있어요

핵심 표현 2　　　　　　　　　　　p. 89

1.

보기	앞	앞으로	뒤	뒤로
	옆	옆으로	위	위로
	밖	밖으로	아래	아래로
	집	집으로	회사	회사로
	2층	2층으로	서울	서울로
	도서관	도서관으로	독일	독일로

2. 1) 뒤로　2) 옆으로　3) 5층으로　4) 학교 근처로
　　5) 독일로

종합 연습　　　　　　　　　　　p. 90

1. 1) 이에요　2) 있어요　3) 이에요
　　4) 있어요　5) 있어요　6) 있어요

2. 1) 으로　2) 에　3) 에, 에서　4) 에서
　　5) 에, 에서　6) 에, 으로

3. 1) 우산　2) 학교　3) 우유　4) 복잡하다

4. 1) 주말에 산에 갈까요
　　2) 어제 날씨가 어땠어요
　　3) 몇 시에 만날까요
　　4) 지금 비가 와요
　　5) 숙제가 어때요

5. 1) 뒤　2) 옆　3) 앞　4) 위　5) 아래/밑

6. 1) 추워요　2) 하고　3) 매워요　4) 만날까요

책임 연구원 Senior Researcher

장은아　　고려대학교 교육학과 박사
Jang Euna　Ph.D. in Education Evaluation, Korea University

　　　　　서울대학교 언어교육원 한국어교육센터 대우조교수
　　　　　Seoul National University, LEI Assistant Professor

공동 연구원 Co-researcher

김민애　　서울대학교 국어교육과 박사 수료
Kim Min Ae　Ph.D. Candidate in Korean Language Education, Seoul National University

　　　　　서울대학교 언어교육원 한국어교육센터 대우부교수
　　　　　Seoul National University, LEI Associate Professor

이정화　　이화여자대학교 국어국문학과 박사
Lee Jeonghwa　Ph.D. in Korean Language and Literature, Ewha Womans University

　　　　　서울대학교 언어교육원 한국어교육센터 대우조교수
　　　　　Seoul National University, LEI Assistant Professor

집필진 Authors

송지현　　이화여자대학교 한국학과 한국어교육전공 석사
Song Gihyun　M.A. in Teaching Korean as a Foreign Language, Ewha Womans University

　　　　　서울대학교 언어교육원 한국어교육센터 대우전임강사
　　　　　Seoul National University, LEI Full-time Instructor

민유미　　이화여자대학교 한국학과 한국어교육전공 박사과정 수료
Min Youmi　Ph.D. Candidate in Teaching Korean as a Foreign Language,
　　　　　Graduate School of International Studies, Ewha Womans University

　　　　　서울대학교 언어교육원 한국어교육센터 강사
　　　　　Seoul National University, LEI Instructor

신범숙　　서울대학교 국어교육과 한국어교육전공 박사과정 수료
Shin Beomsuk　Ph.D. Candidate in Korean Language Education, Seoul National University

　　　　　서울대학교 언어교육원 한국어교육센터 강사
　　　　　Seoul National University, LEI Instructor

번역 Translator

빌리 스트루블　중앙대학교 국제지역학과 석사
Billy Struble　M.A. in International Studies, Chung-Ang University

　　　　　중앙대학교 교양대학 조교수
　　　　　Chung-Ang University, College of General Education,
　　　　　Assistant Professor of English

감수 Supervisor

이소영　　이화여자대학교 교육공학과 박사
Lee So Young　Ph.D. in Educational Technology, Ewha Womans University

　　　　　서울대학교 언어교육원 한국어교육센터 대우전임강사
　　　　　Seoul National University, LEI Full-time Instructor

도와주신 분들 Contributing Staff

일러스트 Illustration　　윈일러스트 WINILLUSTRATIONS
녹음 Recording　　　　미디어리더 Media Leader

사랑해요 한국어 1 Workbook
I Love Korean 1 Workbook

초판   1쇄 발행 2019년 1월 30일
초판 12쇄 발행 2025년 7월 28일

지은이   서울대학교 언어교육원

펴낸곳   서울대학교출판문화원
주소   08826 서울 관악구 관악로 1
도서주문   02-889-4424, 02-880-7995
홈페이지   www.snupress.com
페이스북   @snupress1947
인스타그램 @snupress
이메일   snubook@snu.ac.kr
출판등록   제15-3호

ISBN 978-89-521-2875-1 04710
     978-89-521-2873-7 (세트)

ⓒ 서울대학교 언어교육원, 2019

이 책은 저작권법에 의해서 보호를 받는 저작물이므로
무단 전재와 복제를 금합니다.

Written by Language Education Institute, Seoul National University
Published by Seoul National University Press

Copyright ⓒ 2019 by Language Education Institute, Seoul National University

All rights reserved. No part of this publication may be reproduced in any form without the written permission from publisher.